選手

#CAPITAN_DE_LA_ROJA

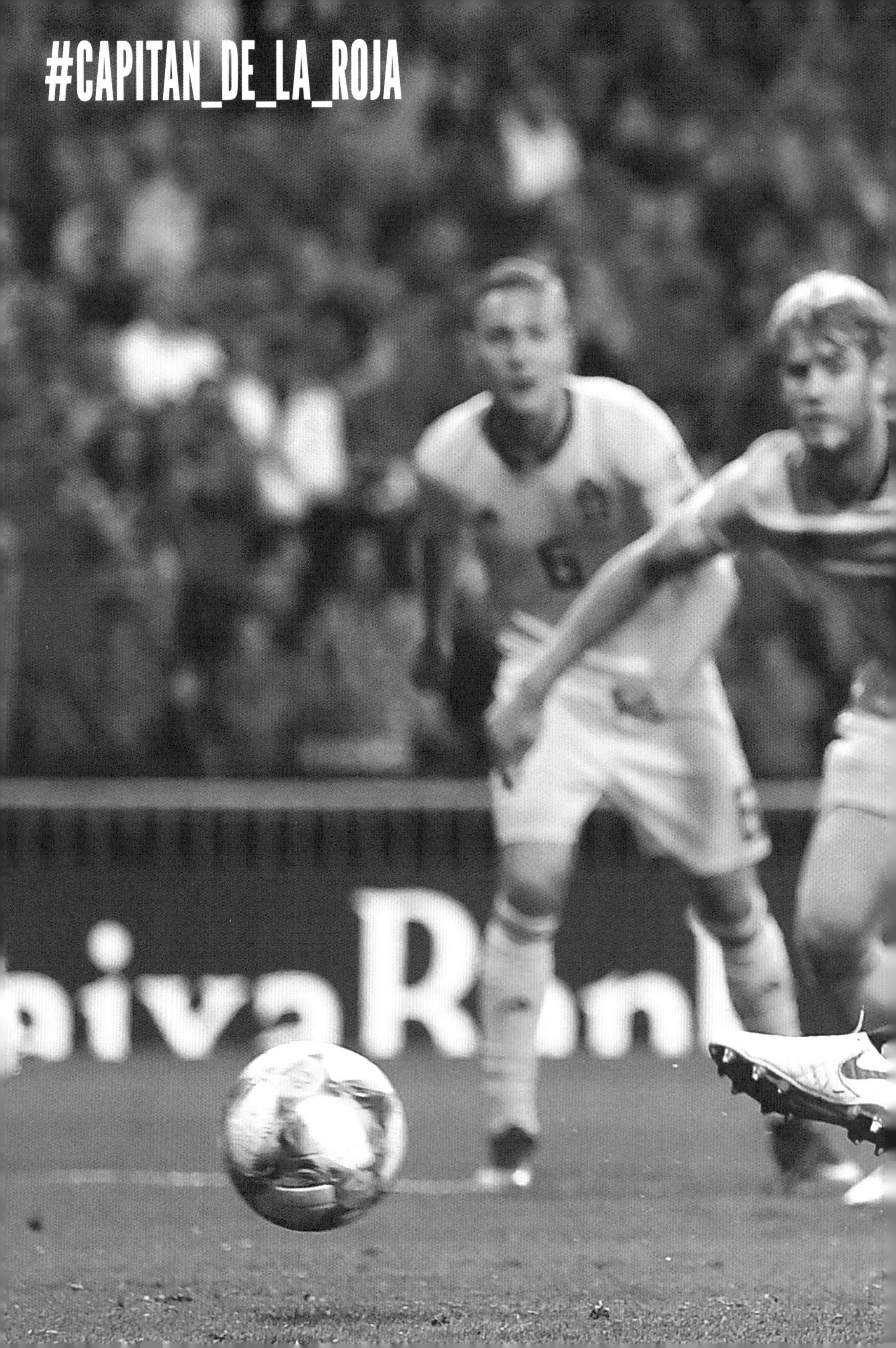

왜 라모스인가?
¿Por qué Sergio Ramos?

MIGUEL ÁNGEL DÍAZ *Special Contribution*

이 책 곳곳에는 세르히오 라모스의 거의 모든 프로 커리어 경기를 현장에서 취재한 미겔 앙헬 디아스(전 라디오 마르카, 현 카데나 코페) 기자의 글이 실려 있다. 그는 20년 가까이 레알마드리드와 스페인 대표팀을 전담 취재한 저널리스트로, 세간에 잘 알려지지 않은 라모스의 이야기를 독점 공개한다. 디아스 기자의 원고는 현장감을 살리기 위해 한준 저자가 집필한 본문 텍스트와 달리 대화체로 옮겼음을 서두에 밝힌다.

'골 넣는 수비수'라는 표현은 여전히 유효하지만,
현대 축구에서 더 이상 수비수가 공격에 가담해 득점 기회를
창출하는 것은 낯선 장면이 아니다. 특히 어느 팀에서든
골키퍼 다음으로 키가 큰 선수들이 배치되는 중앙 수비수
포지션이라면 세트피스 기회에 상대 골문에 포진해 헤더로
득점하는 플레이는 축구 경기에서 자연스럽게 펼쳐지는
광경이다. 후방 빌드업이 '주류'를 넘어 '교과서'가 된 21세기에
중앙 수비수의 기점 패스 및 롱패스가 득점 과정의 열쇠가
되는 것 역시 특수한 몇몇 수비수들의 덕목이 아니게 됐다.
그럼에도 불구하고 스페인 수비수 세르히오 라모스는
축구 역사에 자신만의 독보적 영역을 구축했다.
프로 경력 초기에는 라모스 역시 바르셀로나 수비수
카를레스 푸욜, 이탈리아 수비수 파올로 말디니 등의 후계자로
불렸으나 2022년을 맞이한 이 시점까지 20년 가까이 건재한
기량으로 현역 생활을 이어가고 있는 그는 '제2의 누구'라는
수식어가 불가능한 '제1의 라모스'가 되었다.
왼쪽 센터백과 오른쪽 풀백, 수비형 미드필더를 아우르는
전술 소화 능력을 기반으로 센터백 역사상 최고의
득점 기록 및 클러치 능력으로 라모스는 스페인 대표팀과
레알마드리드에서 불멸의 역사를 남겼다.
이제는 파리생제르맹에서 또 다른 스페인 라리가 출신의
역대급 공격수 리오넬 메시와 황혼기에 새로운 역사를
쓰고자 도전에 나섰다.
11명이 한 팀을 이루어 경기는 축구에서 '팀보다 위대한
선수'는 없다. 하지만 유구한 축구 역사에 그 자체가 전술이 된
'선수'들이 있었다. 두 번의 UEFA 챔피언스리그 결승전에서
득점한 수비수라면 더 이상 설명이 필요하지 않을 것이다.
유럽 축구 역사상 전무한 3회 연속 메이저 대회 우승(유로
2연속 우승 및 월드컵 우승) 과정에 각기 다른 포지션으로
정상에 오른 수비수라면 더더욱 그렇다.
스페인 대표 선수로 이미 180회 국가대표 출전 기록을 세운
선수라면 그가 역사라는 사실을 부연할 필요도 없을 것이다.
객관적 기록과 주관적 평가, 전술적 의미에서 라모스만큼
이야깃거리가 많은 수비수는 없다. 라모스는 레알마드리드에서

깨지기 어려운 득점 기록을 남긴 크리스티아누 호날두 이상의
존재감을 가진 '캡틴'이었으며, 스페인 대표팀이 '무적함대'라는
별명에 걸맞은 경기를 할 수 있도록 팀을 끌어온 '캡틴'이었다.
호방한 성격의 라모스는 축구사의 수많은 '캡틴' 중에서도
인상적인 리더십을 선보였다.
공격수들의 전유물이었던 축구계의 '패션 아이콘'이자 '스타'로
전 세계에 수많은 팬들을 끌어 모은 수비수도 라모스 외에는
찾아보기 어렵다. 왜 라모스인가에 대한 궁금증이 그래도
해소되지 않는다면, 왜 라모스인가를 더 자세히 알고 싶다면,
지금부터 이어질 '라모스 스토리'에 귀를 기울여 보기를
권한다.

Sergio Ramos

1 / 세비야 1군 데뷔

세비야 지역의 작은 유소년 클럽 카마스CF에서 축구를 시작한 라모스는 세비야 유소년 팀으로 이적한 뒤 2004년 2월 1일 데 포르티보라코루냐를 상대한 스페인 라리가 경기 64분에 파코 가야르도와 교체되어 프로 데뷔전을 치렀다. 이 경기에서 세비야는 0-1로 졌다.

2 / 레알마드리드 이적

1군 데뷔전 후 불과 1년여 만에 라모스는 스페인 수비수 역사상 최고액 이적료를 기록하며 레알마드리드로 이적했다. 플로렌티노 페레스 회장 첫 번째 재임 기간에 영입한 유일한 스페인 선수였던 라모스의 당시 이적료는 2700만 유로였다. 라모스는 레알마드리드의 전설적인 수비수 페르난도 이에로가 떠나며 남긴 등번호 4번을 물려 받았다.

3 / 스페인 대표팀 데뷔

스페인 19세 이하 대표팀의 주전 수비수로 2004년 U-19 유로 대회 우승을 이루는 데 결정적인 역할을 한 라모스는 2005년 3월 26일 중국 대표팀과 살라망카에서 치른 친선 경기를 통해 겨우 만 18세 361일이라는 어린 나이로 성인 대표팀 데뷔전을 치렀다. 스페인 축구 대표팀이 55년 만에 배출한 최연소 데뷔 선수였다. 스페인은 3-0 완승을 거뒀다.

4 / 첫 라리가 우승

레알마드리드 입단 첫 시즌 라모스는 센터백과 수비형 미드필더로 뛰었다. 첫 라리가 우승을 이룬 2006-07시즌에는 센터백으로 라리가 16경기, 라이트백으로 9경기, 레프트백으로 1경기를 뛰며 주전 수비수로 일조했다. 33경기 모두 선발 출전이었다. 2007-08시즌에는 수비수 페페와 크리스토프 메첼더가 합류하면서 라리가 33경기 중 24경기를 라이트백으로 뛰며 2연속 우승에 기여했다.

5 / 유로 2008 우승

예선에서 주전 수비수로 활약한 라모스는 11차례 경기에 나서 2골을 기록하며 1위로 본선에 오르는 데 힘을 보탰다. 본선에서는 2연승으로 8강 진출을 확정한 그리스와 D조 마지막 경기를 제외한 6경기를 풀타임으로 소화했다. 라이트백으로 출전한 라모스는 스페인이 8강부터 4강, 결승전가지 무실점으로 우승하는 데 기여했다.

월드컵 유럽 예선 중간에 아킬레스건 부상으로 잠시 이탈했으나 2010년 남아공 월드컵 본선에는 스위스에 충격패를 당한 H조 첫 경기부터 네덜란드에 연장 접전 끝 1-0 승리를 거둔 결승전까지 7경기에 모두 선발 출전했다. 온두라스전 77분 교체 아웃 외에 나머지 6경기는 라이트백 포지션으로 풀타임 소화했다. 스페인의 사상 첫 월드컵 우승 과정에서 토너먼트 전 경기 무실점을 기록했고, 단 한 차례의 경고만 받는 완벽한 경기를 했다.

스페인은 유럽 축구 역사상 전무한 3연속 메이저 대회 우승을 이뤘다. 유로 2008과 2010 남아공 월드컵에서 라이트백 포지션으로 최고의 선수로 지목됐던 라모스는 센터백으로 포지션을 바꿔 폴란드와 우크라이나에서 공동개최된 유로 2012 대회 전 경기를 풀타임 소화하며 우승을 이끌었다. 스페인은 이탈리아와 개막전 1-1 무승부 이후 5경기를 모두 무실점으로 마치며 우승했다.

UEFA 챔피언스리그 역대 최다 우승 기록을 갖고 있었으나 아홉 수에 막힌 채 FC 바르셀로나가 타이틀을 추가하는 것을 바라봐야 했던 레알마드리드는 2013-14시즌 마침내 10번째 우승 '라데시마'를 달성했다. 카를로 안첼로티 감독 체제의 레알마드리드는 사상 처음으로 아틀레티코마드리드와 마드리드 더비로 결승전을 치렀다. 0-1로 뒤져 있던 후반 추가 시간 3분 라모스의 동점골이 터졌고, 연장전에 세 골을 추가한 레알마드리드가 4-1 승리로 우승했다.

1992-93시즌 유러피언컵이 UEFA 챔피언스리그로 개편된 이후 타이틀 방어에 성공한 유럽 챔피언은 없었다. 레알마드리드는 지네딘 지단 감독이 중도 부임한 2015-16시즌 주장으로 자신의 두 번째 챔피언스리그 우승에 성공했고, 이후 2016-17시즌과 2017-18시즌까지 내리 3연속 우승에 성공하며 주장으로 세 번, 레알마드리드 선수로 네 번이나 챔피언스리그에서 우승했다.

레알마드리드에서만 16시즌을 보낸 '살아 있는 전설' 라모스는 코로나19 팬데믹 상황으로 인한 유럽 축구계 전반의 재정 악화 속에 재계약 협상에 난항을 겪었고, 결국 계약 만료 후 자유 계약 신분으로 새로운 도전에 나서게 됐다. 라모스는 프랑스 리그앙 클럽 파리생제르맹과 계약했고, 라모스 입단 이후 FC바르셀로나 주장이었던 리오넬 메시도 자유계약 선수로 합류해 직전 시즌 엘 클라시코로 맞붙은 양 팀 주장이 한 팀에서 뛰게 되는 역사적인 이적이 발생했다.

TITLES

레알마드리드
REALMADRID

라리가 우승 5회
2006-07, 2007-08, 2011-12, 2016-17, 2019-20

코파델레이 우승 2회
2010-11, 2013-14

수페르코파 데 에스파냐 우승 4회
2008, 2012, 2017, 2019-20

UEFA 챔피언스리그 우승 4회
2013-14, 2015-16, 2016-17, 2017-18

UEFA 슈퍼컵 우승 3회
2014, 2016, 2017

FIFA 클럽 월드컵 우승 4회
2014, 2016, 2017, 2018

스페인 대표팀
SPAIN

UEFA 유럽 19세 이하 챔피언십 우승
2004

FIFA 월드컵 우승
2010

UEFA 유로피언 챔피언십 우승
2008, 2012

CONTENTS

Era Sevilla 안달루시아의 아들

Era Real Madrid 레알마드리드의 레전드

Capitan De La Roja 스페인의 캡틴

Era
Sevilla

안달루시아의 아들

세르히오 라모스는 레알마드리드의 레전드가 되기 전
안달루시아를 대표하는 클럽인 세비야의 떠오르는 신성이었다.
그는 자신이 죽는 날 두 클럽의 깃발을 관에 꽂는 것이 소원이라고
여러 차례 밝힌 적이 있다. 여전히 스스로를 세비야의 선수처럼 느끼며
은퇴하기 전 산체스 피스후안의 팬들로부터 박수를 받을 수 있기를 꿈꾼다.

"

라모스는 키가 가장 작았지만
누구보다 많이 뛰었습니다.
그리고 가장 통통하지만
가장 용기 있는 소년이기도 했습니다.
첫 시즌에 그는 안달루시아의 챔피언이었습니다.
그의 주장 완장은 그의 팔보다 훨씬 컸죠.

아구스틴 로페스 라모스의 유소년 시절 코치

01

마요네즈 리더

MAYONESA y LIDER

MIGUEL ÁNGEL DÍAZ
미겔 앙헬 디아스 기자가 잘 알려지지 않은 라모스의 어린 시절을 이야기한다.

세르히오 라모스는 팀 내 막내였지만 이미 주장이었습니다. 리더십은 그의 혈통이었어요.
그가 어렸을 때부터 알고 지냈던 사람들은 세르히오가 질 때마다 라커룸에서 투덜거렸던
일들과 울음소리를 들려줍니다. 그의 첫 코치 중 한 명은 아구스틴 로페스였는데,
그는 이제 막 나타나기 시작한 소년에 대한 기억을 갖고 있습니다.

"그는 키가 가장 작았지만, 누구보다 많이 뛰었습니다. 그리고 가장 통통하지만 가장
용기가 있는 사람이기도 했습니다. 첫 시즌에 그는 안달루시아의 챔피언이었습니다.
그의 주장 완장은 그의 팔보다 컸죠."

동네 친구들 사이에 '마요네즈(Mayonesa)'라는 별명으로 불리던 시절, 카마스CF,
세비야FC 등 유소년 팀에서 세르히오 라모스는 늘 월반한 팀에서 뛰었습니다. 자기보다
나이 많은 선수들이 있는 팀에서 활약했죠. 안달루시아 연방이 가지고 있는 첫 번째
공식 기록은 1994년 4월 7일, 라모스가 8살 때입니다. 그해에 그들은 챔피언이었습니다.
1996년, 세비야는 라모스 영입을 열망했고, 결국 그를 영입하는 데 성공했습니다.
아주 어린 나이부터 라모스는 '어른'들과 뛰는 것에 적응해야 했습니다. 하지만 이것은
라모스를 주눅들게 만들기는커녕, 그를 더욱 용감하고 단호하게 만들었습니다. 자신이
나고 자란 고향 카마스에서, 라모스는 팀 내 가장 어린 선수로 세 시즌을 뛰었습니다.
첫 시즌에는 팀의 공식적인 일원이 되기엔 아직 법적 나이가 되지 않았고 그의 출생기록

카드를 위조해서 뛰었습니다. (라모스는 겨우 만 6세의 나이로 유소년
축구 팀에서 뛰었다.)

8살에 그는 이미 안달루시아 유소년 리그 챔피언이었습니다. '슈스터'라는
별명으로 불리기도 했는데, 라모스가 레알마드리드에서 뛰었던 독일
미드필더 베른트 슈스터와 닮은 외형을 갖고 있었기 때문입니다.
라모스는 슈스터와 비슷한 금발과 헤어스타일로 지역에서 유명했죠.
경기장 곳곳을 누비며 뛰었고, 공격수로 뛰곤 했습니다.
세비야의 스카우트들은 이미 그를 주시하고 있었습니다. 카마스
코치들에게 그에 대해 여러 번 문의했지만, 그들은 당연하게도 그 제안을
받아들이지 않았습니다. 1996년 봄, 어느 날 아침, 세비야 스카우트진이
라모스의 아버지 호세 마리아와 그의 형 레네에게 접근했습니다.
세르히오 라모스는 당시 유소년 팀에서 가장 어린 선수로, 카마스와
세비야와의 경기에서 이미 두각을 나타냈습니다. 벤하민(Benjamin, 10세
미만)에 해당하는 나이였지만 이미 알레빈(Alevin) 단계(11세~12세)의
팀에서 뛰고 있었죠.

우리는 테스트를 했고,
그가 도움이 될 수 있다는 것을 알아냈죠.
먼저 우리는 그를 7인제 축구팀에 투입했습니다.

파블로 블랑코 당시 세비야의 기술 비서

라모스는 거의 항상 오른쪽 날개로 뛰며 두 시즌을 보냈습니다.
11인제 축구 경기로 진입한 인판틸(Infantil, 13세~14세) 팀에서도 같은
포지션에서 뛰었습니다. 2년 뒤에 카데테(Cadete, 14~15세) 팀으로
올랐고 바로 후베닐(Juvenil, 16세~18세) 단계로 월반했습니다.
그때 라모스 가족은 오늘날의 세르히오 라모스의 진로를 위한 중대한
결정을 내렸습니다. 당시 라모스는 유소년 전국 리그에서 정기적으로
뛰기 시작했죠. 게다가 호아킨 카파로스 감독이 라모스를 1군 팀에서
훈련하기 위해 소집하기 시작했습니다. 결정적인 순간이었어요. 오전
훈련이 있었기 때문에 라모스는 학교 수업을 저녁 시간으로 바꿔야 했고,
늦게 하교했어요. 라모스의 부모님은 그가 학교를 그만두는 것에 대해
찬성하지 않았지만, 세르히오가 공부와 축구 둘 중 하나의 길을 택해야
한다는 것을 깨달았습니다.
세르히오는 길을 잃었어요. 공부도 못 한 채 시험 보러 가야 했죠.
때때로 수업이나 공부 중에 잠이 들었습니다. 밥을 먹은 후에는 사실상

거의 깨어 있을 수 없었기 때문에 두세 시간 낮잠을 자야 했습니다.
운동 강도도 예전 같지 않았죠.

라모스의 아버지 호세 마리아는 어느 날 그와 함께 앉아 무엇을
하고 싶은지 결정하라고 말했습니다. 만약 라모스가 축구를
선택한다면, 그는 헌신적으로 임해야 했습니다. 모든 일이 잘
풀렸다면 계속할 수 있겠죠. 그렇지 않다면 조금 더 나중을 위해
천천히 가야 하는 겁니다. 라모스는 야간 수업을 통해 축구와
공부를 조화롭게 병행하려 했지만, 결국 학업은 중도하차했어요.
'마요네즈' 라모스는 부모님을 실망시키지 않았습니다. 마요네즈
소스에 대한 그의 뜨거운 사랑 때문에 그의 어린 시절 동료들이
그를 그렇게 부르기 시작해서 생긴 별명입니다.

라모스는 마요네즈를 모든 종류의 음식과 섞어서 먹었어요. 하지만
몸무게를 유지하기 위해 마요네즈가 좋은 친구가 아니라는 것을
깨달았습니다. 라모스는 계속 성장했고 라커룸을 최고의 대학교로
만들었어요.

스페인에는 "좋은 일에 늦은 때라는 건 없다"는 말이 있습니다.
27세의 나이로 의무중등교육 'ESO'를 졸업한 세르히오 라모스는
2014년 2월에 마지막 시험을 통과했죠. 이 격언을 실제로 보여주
는 사례입니다. 게다가, 라모스는 몇 년 동안 영어도 공부해
왔습니다.

세르히오 라모스는 똑똑하고 관찰력이 뛰어납니다. 라모스는 앞에
있는 사람들로부터 배우는 것을 좋아했습니다. 그는 어렸을 때부터
훈련과 경기를 마치고 마지막에 라커룸을 떠나는 습관이 있습니다.
그가 운전면허를 따기 전까지, 며칠 동안 우루과이의 스트라이커
다리오 실바가 운전해서 그를 데려다 주었습니다. (나중에 불의의
사고를 당해 다리의 일부를 절단한 것으로도 알려져 있는 선수죠.)
축구 경력의 먼 곳까지 갈 수 있을 것 같은, 그 건방진 아이를
돌보는 일을 팀의 주장들이 담당했습니다. 그렇게 라모스는
차근차근 나아갔습니다.

02

안달루시아의 이리

스페인에서 관광지로 가장 유명한 도시는 바르셀로나다. 그 다음으로 알려진
안달루시아 지방은 스페인보다는 이슬람 문화권의 영향을 받은 지역이다.
한국에는 현빈과 박신혜가 주연한 드라마 〈알함브라 궁전의 추억〉으로 풍경이
소개된 바 있고, 뮤지컬 〈노트르담 드 파리〉에서 여주인공인 집시 에스메랄다의
고향으로 이름이 알려졌다.

"고향은 파리였지만 바다를 떠올릴 때면 나는 늘 그곳에 있지. 안달루시아
그 강물은 내 몸을 흐르고. 나의 안달루시아 언젠간 널 만나게 될 거야."

세르히오 라모스는 '마드리드의 레전드'이지만 현역 은퇴 전에 안달루시아의 주도
세비야로의 복귀를 꿈꾼다. 라모스의 고향은 에스메랄다와 같은 안달루시아다.
스페인 남단에 위치한 안달루시아 광역자치주는 세비야를 중심으로 그라나다,
코르도바, 말라가 등 스페인 내 대표적 관광지와 휴양지가 분포되어 있다.
인구 840만 명(스페인 내 1위)에 87,268㎢의 면적(스페인 내 2위)을 자랑하는
스페인 자치 주다. 지중해를 끼고 있는 남부 해안 도시가 주를 이루며,
서쪽으로는 포르투갈 및 대서양과 맞닿은 중세 교통의 요지였다.
스페인의 신대륙 정복 주요 통로로 세비야가 기점 역할을 했기 때문에 현재
남미 지역에서 사용되는 스페인어가 대부분 안달루시아 방언과 가깝다.

안달루시아 지역도 스페인어(카스티야어)를 사용하지만
발음과 일부 단어의 뜻이 다르게 쓰이고 있다. 안달루시아는
타르테소스 문명이 발견된 페니키아인의 근거지였으나
아랍인과 무어인이 그라나다의 알함브라 궁전을 짓고
이슬람 문명을 번성시키는 등 무슬림 문화에 큰 영향을
받았다. 지금은 세비야에 스페인에서 가장 큰 대성당이
존재하고 있지만 당시의 문화 유산 대부분이 보존되어 있어
세계적인 관광지로 유명하다.

그와 더불어 안달루시아의 이름을 세계적으로 알린 것은
20세기 초 예술영화다. 초현실주의 영화의 걸작으로 꼽히는
단편 〈안달루시아의 개〉는 세대를 초월해 영화광들의
지지를 받고 있다. 스페인 출신으로 프랑스에서 큰 성공을
거둔 영화감독 루이스 부뉴엘(Luis Bunuel)이 동향의
천재화가 살바도르 달리와 함께 만들었다. 1929년에
제작된 작품이지만 21세기 감성으로도 받아들이기 어려울
정도로 '미래적'인 영화다. 그로부터 80년 가까운 세월이
지난 지금, 스페인은 안달루시아의 이리, 세르히오 라모스에
열광하고 있다. 영화사에 남은 스페인의 업적은 축구장으로
이어지고 있다.

스페인 남부 안달루시아주 세비야의 카마스에서 태어난
라모스는 세비야 유소년 시스템의 대표작이다. 안달루시아
지역은 스페인의 중심인 마드리드 지역에 대한 반감이 가장
덜한 곳이지만, 왕가의 '순혈'과는 거리가 있다. 그라나다,
코르도바 등으로 대표되는 스페인 남부의 주요 관광지는
스페인 왕가보다 이슬람 왕가의 영향이 미친 곳이다.
아프리카와 인접한 안달루시아는 태양의 나라 스페인에서도
가장 뜨거운 곳이다. 구릿빛 피부의 건강한 미남미녀도 많고,
뜨거운 날씨만큼 열정적이다. 스페인을 대표하는 춤사위
플라멩코도 안달루시아 지방의 집시들이 만들어낸 문화다.
라모스는 안달루시아의 열정이 고스란히 새겨진 선수다.

'인기 스타' 라모스는 별명이 많았다. 카마스의 파라오 혹은
인디오, 타잔, 세르히오 람보 등 열정과 투지, 승리자를
상징하는 이름이 늘 그를 수식했다. 그리고 그를 묘사하는
매우 직관적인 별명이 하나 더 있다. 바로 '안달루시아의
이리'다. 그의 왼쪽 귀 뒤편에 한자어 '이리 랑(狼)'자가
새겨져 있다. 이리는 스페인 대표팀에서 가장 야성미가
넘치는 '야생남' 라모스와 가장 잘 어울리는 동물이다.
(세르히오 라모스 이름의 약자 SR과 비슷하다고 여겨서
문신으로 새긴 것이다.) 거침 없이 피치 위를 내달리는
라모스의 모습은 영락 없는 이리다. 경기장 안에선 전사지만,

경기장 밖에선 신사다. 누구에게나 친절하고 따뜻하다.
늘 웃는 얼굴이다. 그의 주위엔 늘 웃음이 가득하다.

지금 세비야는 탁월한 선수 스카우팅 능력으로 주목받지만,
헤수스 나바스와 세르히오 라모스를 배출할 때까지만 해도
유소년 팀의 성과가 돋보였다. 당시 세비야가 키운 선수들의
특징은 탁월한 측면 공격력이었는데, 경기 중 심장 마비로
사망했던 레프트백 안토니오 푸에르타와 지금은 레알마드리드
의 '상징'이 된 세르히오 라모스가 공격적인 좌우 윙백으로
세비야 유스팀을 이끌었다. 라모스는 아직 만 18세에
불과했던 2004년 2월 1일 데포르티보라코루냐와 라리가
22라운드 경기에 교체 출전해 프로 데뷔전을 치렀는데,
이때 포지션도 라이트백이었다.

라모스는 2003-04시즌 라리가 후반기에 총 7차례 출전
기회를 얻었는데, 초반 4경기는 교체로 잠시 그라운드를
밟았다. 시즌 말미에 35라운드 아틀레틱클럽, 36라운드
발렌시아, 37라운드 알바세테전까지 3경기 연속 선발 출전
기회를 잡았다. 두 경기는 라이트백, 한 경기는 레프트백으로
뛰었다.

여전히 10대의 나이였던 2004-05시즌에 라모스는
세비야의 주전 풀백으로 자리 잡았다. 라리가에서만
31경기에 출전했다. 전반기 내내 라이트백 자리에서 뛰었고,
레알소시에다드와 5라운드 경기에서는 홀로 1득점 1도움을
올리는 원맨쇼로 2-1 승리를 이끌기도 했다. 당시 시즌 막판
5경기에는 센터백으로 나섰는데, 기존 주전 센터백
아이토르 오시오와 하비 나바로가 불안정한 모습을 보였고,
세비야에는 라이트백 자리를 볼 수 있는 다니 아우베스도
있었다. 라모스는 이 선수들과 함께 하며 많은 것을 배울 수
있었다고 말했다.

라모스를 세비야 1군으로 데뷔시킨 호아킨 카파로스 감독은
두 포지션을 모두 맡긴 주인공이기도 하다. 그는 훗날
인터뷰에서 라모스가 데뷔 당시부터 멀티 수비수로 최고의
자질을 갖춘 선수였다고 회고했다.

❝❞

리아소르에서 풀백으로 데뷔했다.
하지만 중앙 수비수의 능력을 갖추고 있다는 걸 확인할 수 있었다.
센터백으로 나서면 측면에서 뛰는 선수를 잘 도왔다.
그는 언제 공을 커팅하러 나가야 하는지 알고 있었고,
풀백이 위험에 처할 수 있는 상황을 예측해 센터백의 공간을 차단했다.
라모스는 그런 정보를 갖고 있는 선수다.

호아킨 카파로스 /

03

말디니에 대한
스페인의 대답

세르히오 라모스는 이탈리아 파올로 말디니에 대한 스페인의 대답이자,
바르셀로나 카를레스 푸욜에 대한 레알마드리드의 대답이었다. 말디니와 푸욜
모두 지워지지 않는 축구사의 일부가 되었지만, 라모스는 이들의 뒤를 따르는
것을 넘어 그 이상의 존재로 자신만의 역사를 썼다.

"푸욜과 말디니를 존경합니다. 그러나 나는 나일 뿐이죠."

자신만의 길을 개척하고 싶다는 의지를 드러내온 라모스는, 열정적으로 측면을
달리던 풀백에서 노련하게 후방에서 경기를 조율하는 센터백으로 자리매김했다.
라모스가 프로 경력 내내 포지션을 바꾸며 풀백과 센터백으로 모두 '월드베스트
11'에 선정되었던 길은, 축구 전술사에 적지 않은 의미를 갖는다. 라모스는
183센티미터의 신장에 우람한 체격은 아니지만, 현대 축구의 전술 진보에 따라
빠르고 기술적이며, 무엇보다 경기를 읽는 탁월한 축구 지능을 바탕으로 풀백과
센터백의 경계를 허물며 수비수 포지션의 새로운 교과서가 되고 있다.
2005년 여름, 레알마드리드는 세비야가 낳은 스페인 축구 최고의 수비 유망주를
2,700만 유로라는 이적료에 영입한다. 레알은 팀의 레전드 수비수인 페르난도
이에로가 달았던 등번호 4번을 라모스에 선사하며 기대를 보냈다.
라모스는 2005-06시즌 개막전을 세비야에서 센터백으로 소화한 이후

레알 유니폼으로 갈아입었다. 라모스는 레알에서 33경기에
나섰고 이중 26경기를 센터백, 6경기를 수비형 미드필더
자리에서 뛰었다.

라모스는 이 시즌을 보내며 스무살이 되었는데,
챔피언스리그와 같은 큰 무대에서도 7차례 선발 출전을
하며 일찌감치 탁월한 능력을 펼쳤다.

이에로의 후계자가 되리라는 기대를 충족했다. 라이트백
자리에서 라모스는 종종 수비 복귀가 늦거나, 포백 라인
컨트롤에 문제를 보여 수비력에 대해 지적 받았는데,
센터백으로 뛰는 경기에서는 오히려 빠른 스피드를 통한
안정적인 배후 커버로 수비측면에서 호평 받았다.

라모스는 이미 세비야 소속이던 2005년 3월 살라망카에서
치른 중국과 A매치 친선 경기에서 만 18세의 나이로
국가대표 데뷔전을 치렀는데, 이는 당시까지 스페인
축구 대표팀에서 반 세기 만에 최연소 국가대표 출전
기록이었다. 2006 독일월드컵에 참가했고, 유로 2008
예선전에서도 주전 자리를 꿰찼는데, 모두 라이트백
자리에서 뛰었다. 소속팀 레알에서 주어진 임무와 달랐다.

레알에서 다시 포지션을 바꿔야 하는 상황을 맞이한다.
2006 독일월드컵에서 이탈리아의 우승을 이루며
발롱도르를 수상하게 되는 파비오 칸나바로가 가세했고,
2007년 여름에는 포르투에서 탁월한 수비력을 보인
페페가 영입됐다. 라모스는 2006-07시즌에 센터백과
라이트백 포지션을 번갈아 소화했으나 센터백 비중이
더 컸다.

페페가 합류한 2007-08시즌에는 거의 대부분의 경기를
라이트백으로 뛰었으며, 2008-09시즌에는 오른쪽 측면
미드필더로 전진 배치되어 뛸 정도로 측면 지향적인
역할을 맡았다. 이때 라모스는 세트피스 상황에서 헤더로
득점하는 능력과 더불어 오버래핑 상황에서 예리한 크로스
패스로도 많은 도움을 올렸다. 라울, 판니스텔로이,
이과인 등을 향해 배급한 크로스로 세 시즌 동안 12개의
어시스트를 기록했다.

라모스의 수비 라인 파트너였던 칸나바로는 라모스가
센터백과 라이트백으로 모두 훌륭하지만 공격 재능을
뽐낼 수 있는 라이트백 자리가 더 좋을 것 같다고
말하기도 했다.

"세르히오는 두 포지션에서 모두 잘할 수 있는 선수입니다.
하지만 솔직히 말하면, 전 그가 풀백으로 뛰는 게

더 좋아요. 나에겐 기대할 수 없는 일이니까요. 저도
풀백으로 뛰었더라면 더 즐겁게 축구를 할 수 있었을 것
같다고 생각할 때가 있어요." _**파비오 칸나바로**

라모스의 기량은 점차 원숙해졌다. 라모스와 마찬가지로
본래 풀백으로 시작했다가 센터백으로 자리를 잡은
카를레스 푸욜이 건재하던 시기, 라모스는 대표팀에서
풀백으로 뛰었다. 유로 2008 우승을 차지하던 당시는 물론,
2010 남아공월드컵 우승도 라이트백 자리에서 해냈다.
라모스는 세계 최고의 라이트백 중 한 명으로 평가 받았다.
갈락티코 군단 2기가 형성된 2009−10시즌까지
레알에서도 라이트백으로 경기에 나서는 비중이 더 컸다.
라모스는 "어느 자리든 좋다. 감독이 맡기는 역할에
충실할 뿐"이라고 얘기했다. 라모스는 두 포지션 모두의
장점을 명확히 파악하고, 이해하고 있는 몇 안되는 선수다.
그는 이 시기에 어느 위치를 가장 좋아하는지에 대한
질문을 여러 인터뷰에서 받았다.

"측면에서는 더 많은 자유가 있습니다만, 더 많이 뛰어야
하죠. 대신 골에 더 가까운 플레이를 합니다. 선수 입장에선
좋은 일이죠. 하지만 위험부담이 크고, 피지컬적으로
요구되는 게 많은 자리입니다. 센터백에게 가장 중요한
것은 집중력이죠."

라모스는 2010 남아공월드컵 이전에 대표팀에서는
풀백으로 뛰고 싶다고 말하기도 했다. 상황이 바뀌기
시작한 것은 월드컵 우승 이후다. 2010년 여름 레알에
주제 무리뉴 감독이 부임하고, 스페인 대표팀에서 푸욜이
은퇴하면서 라모스는 센터백 포지션에 정착해야 하는
상황을 맞이한다.

"레알마드리드에는 내가 아주 좋아하는 라이트백들이
있습니다. 예를 들면, 세르히오 라모스죠. 내가 아주,
아주 좋아하는 선수입니다. 하지만 내가 축구를 보는
관점에서는, 라모스는 라이트백 보다 센터백 자리에서
훨씬 더 좋은 수비수가 될 수 있습니다." _**주제 무리뉴**

라모스 역시 체력 부담과 수비 불안이라는 측면으로 인해
센터백이 더 편한 자리인 게 사실이라고 밝힌 바 있다.
"센터백이 더 편하고, 공과의 접촉도 많다. 지금은

이 자리가 더 좋다." 2010-11시즌에 라모스는 라리가에서 라이트백으로 21차례, 센터백으로 8차례 선발 출전했다. 2011-12시즌에는 34차례 라리가 경기 중 29경기를 센터백 자리에서 소화했다. 유로 2012 우승 과정에서 라모스는 6경기를 모두 센터백으로 뛰었다.

세계 축구계에는 풀백과 센터백을 겸하며 최고의 수비수 칭호를 받은 전례가 여럿 있다. 이탈리아의 파올로 말디니와 바르셀로나의 푸욜이 대표적이다. 라모스는 푸욜과 함께 뛰며 근거리에서 많은 것을 배울 수 있었다.

"푸욜을 존경합니다. 그는 센터백 포지션에서 귀감이자, 동료로서도 큰 귀감이 되는 선수죠."

하지만 라모스는 제2의 누군가가 되고 싶지는 않다는 생각을 분명히 밝혔다. 라모스는 '제1의 라모스'가 되기 위한 길을 택했다.

"푸욜은 푸욜이고 나는 나일 뿐이에요. 나는 지금 나 자신인 것에 충분히 만족합니다. 푸욜에게 항상 많은 걸 배우지만 나 역시 매일 최선의 노력을 다하고 있습니다."

라모스가 아직 센터백과 라이트백의 기로에 서 있던 2009년, 말디니를 만난 일이 있다. 스페인 스포츠 신문 마르카는 두 선수의 합동 인터뷰를 주선했다. 라모스는 이 자리에서 "파올로 말디니는 내 우상이자 롤모델"이라고 말했다. "어린 시절 세비야에서 살 때 아버지와 형제들이 말디니의 비디오를 보여주며 배우라고 했다. 말디니는 아마 모든 축구 선수들의 귀감일 것이다. 그는 전설이다. 내 이름도 말디니처럼 오랫동안 기억될 수 있는 날이 왔으면 좋겠다."

말디니는 라모스가 자신에 버금가는, 혹은 뛰어넘을 수 있는 전설적인 수비수가 될 수 있다고 덕담했다.

"그렇게 못될 이유가 어디 있나요? 세르히오는 모든 것을 가졌어요. 빠르고, 힘있고, 기술이 뛰어난데다. 위대한 팀에서 뛰고 있죠. 내가 밀란에서 뛴 것처럼 말이죠. 레알은 밀란처럼 역사와 전통, 수많은 트로피를 가진 팀입니다. 세르히오는 젊고 시간도 많죠. 성장할 수 있는 시간이 무궁합니다."

말디니가 이 코멘트를 남긴 이후 10년의 시간이 흘렀고, 라모스는 네 번의 챔피언스리그 우승과 한 번의 월드컵 우승을 이루며 세계 축구사의 전설이 됐다. 라모스와 라데시마를 이룬 카를로 안첼로티 감독은 밀란에서 말디니와 같은 일을 해낸 바 있다. 그런 안첼로티 감독이 라모스가 말디니와 비견할만한 선수라고 공인했다.

이제 라모스는 풀백과 센터백을 오가는 선수가 아니라 센터백으로 완전히 자리를 잡았다. 특별한 비상 상황이 아니라면 라이트백으로 뛰어야 하는 경우는 없다. 라모스도 이제는 "축구 경력을 오래 이어왔고, 이제는 한 자리에서 견고하게 뛰고 싶다. 지난 몇 년간 맡아온 센터백 포지션이 좋다. 대표팀에서도 그렇고 소속팀에서도 센터백으로 뛰고 있다. 이 자리에서 가장 안정적이다. 내가 더 높은 수준을 유지할 수 있는 자리이기 때문에, 더 좋다"고 말했다.

라모스는 말디니가 가진 모든 것을 가진 선수입니다.
인성, 기술력, 경기장 안에서나 밖에서 모두 팀을 이끄는 능력까지.
지금까지 누구도 말디니와 비교될 수 없었죠.
지금 이 순간 세르히오는 세계 최고의 수비수입니다.

카를로 안첼로티

유로파리그의 최강자로 유명한 세비야는 2000년대 초반부터 스페인 라리가 무대의 터줏대감이자 강호로 자리잡기 시작했다. 라모스의 고향이자 프로 첫 팀 그리고 안달루시아 지방을 대표하는 클럽 세비야의 프로필을 간단히 정리해본다.

SEVILLA F.C.

창단 **1890년 1월 25일** 홈 경기장 **에스타디오 라몬 산체스 피스후안** [42,714명 수용]
구단주 **세빌리스타스 데 네르비온 유한회사** 회장 **호레 카스트로 카르모나**

역대 우승 기록

14

라리가 우승 1회 *1945-46*
코파델레이 우승 5회 *1935, 1939, 1947-48, 2006-07, 2009-10*
수페르코파 데 에스파냐 우승 1회 *2007*
UEFA 유로파리그 우승 6회
2005-06, 2006-07, 2013-14, 2014-15, 2015-16, 2019-20
UEFA 슈퍼컵 우승 1회 *2006*

역대 최고의 선수들

Juan Arza
라리가 득점왕 '피치치' 수상 : 후안 아르사 *1955*

Álvaro Negredo
라리가 국내 선수 득점왕 '사라' 수상 : 알바로 네그레도 *2011, 2013*

최다 득점 선수

218 캄파날 1세
207 후안 아르사
158 후안 아라우호
136 프레데릭 카누테
107 루이스 파비아누

최다 출전 선수

522 헤수스 나바스
*현재 진행 중
414 후안 아르사
413 파블로 블랑코
408 마놀로 히메네스
403 캄파날 2세

세비야에서만개한
스타 선수들

El Grande De Andalucia
안달루시아 최고의 클럽

창설 130년이 넘는 긴 역사를 가진 안달루시아 최고의 클럽 세비야FC는
오랜 역사를 바탕으로 수많은 스타 선수를 배출해왔다. 세비야와 함께 스페인을 넘어,
전 유럽에 이름을 떨친 대표적 스타플레이어 5인을 소개한다.

헤수스 나바스

스페인 안달루시아주 세비야 지방 로스팔라시오스 이 비야프랑카에서 태어난 나바스는
세비야의 '성골 유스' 선수의 대명사다. 지역 작은 클럽 팔라시오스에서 축구를 시작했으나
2000년에 만 15세의 나이로 세비야 유소년 팀에 입단해 2003년 1군 선수로 데뷔한 뒤 10년
동안 팀을 대표하는 윙어로 활약했다. 스페인에서는 흔치 않은 클래식 윙어로 빠른 스피드를
통해 측면 돌파와 크로스 패스로 공격 활로를 열며 각광받았다. 어린 나이에는 지독한 향수병
문제로 빅클럽의 이적 제안에도 팀을 지켰으나 2013년 여름 맨체스터시티의 거부하기 어려운
거액 제안을 수락해 잉글랜드 무대에 도전했다. 세비야에서도 두 번의 코파 델레이 우승 및
두 번의 UEFA 컵(유로파리그의 전신) 우승 등 성과를 냈으나 맨시티 이적 후 프리미어리그
우승으로 정점에 올랐다. 2010년 남아공 월드컵에서는 특급 조커로 우승에 기여했고,
유로 2012 우승 멤버이기도 했다. 4년간 잉글랜드 생활을 정리하고 황혼기를 맞아 고향 클럽
세비야로 돌아온 나바스는 오른쪽 풀백으로 포지션을 바꾼 뒤에도 라리가 정상급 선수로
활약하며 2019-20시즌 유로파리그 우승을 주장으로 이뤘다. 2009-10시즌에 라리가 최우수
공격형 미드필더로 선정됐던 나바스는 2018-19시즌 라리가 최우수 라이트백으로 뽑혔고,
2019-20시즌 유로파리그 최우수 라이트백으로 이름을 올렸다.

호세 안토니오 레예스

나바스의 등장에 앞서 세비야가 배출했던 특급 윙어. 보통 집시로 불리는 '롬인(북부 인도에 기원한 민족)' 출신으로 세비야 지방 우트레라에서 자랐고, 만 10세의 나이에 세비야 유소년 팀에 입단해 꾸준히 성장했다. 스페인 연령별 대표를 두루 거치며 주목 받은 레예스는 1999년 만 16세의 나이로 성인 계약을 맺고 레알 사라고사와 라리가 경기에 1군 데뷔전을 치르는 등 천재로 불렸다. 빠른 스피드와 날카로운 오른발 킥 능력은 경기 운영 능력과 전술 이해력을 바탕으로 2선의 모든 위치를 소화할 수 있는 멀티 공격 자원이었다. 2001-02시즌부터 주전으로 활약했고, 2003년 여름 총액 1700만 파운드 이적료를 기록하며 아스널로 떠났다. 2003-04시즌 아스널의 무패 우승에 기여했고, 2004-05시즌 FA컵 우승, 2005-06시즌 챔피언스리그 준우승 등의 성과를 낸 후 2006년 여름에 레알마드리드로 임대 이적해 라모스와 함께 뛰며 2006-07시즌 라리가 우승도 이뤘다. 2007년 여름 영구 이적 행선지는 레알마드리드의 지역 라이벌 팀 아틀레티코마드리드였다. 아틀레티코에서도 측면의 플레이메이커로 뛰며 제몫을 했고, 2009-10시즌과 2011-12시즌 두 번의 유로파리그 우승을 이룬 뒤 2011년 여름 고향팀 세비야로 이적했다. 2015-16시즌까지 뛰면서 유로파리그 3연속 우승에 일조한 뒤 꾸준한 출전을 위해 에스파뇰, 코르도바, 중국 신장 톈산, 스페인 2부리그 에스트레마두라 등에서 뛰었다. 2019년 6월 1일 교통사고로 유명을 달리했다. 그의 나이는 35세였다.

다니 아우베스

카푸를 넘어선 브라질 역사상 최고의 라이트백이자 세계 축구 역사상 최고의 라이트백으로 우뚝 선 레전드. 브라질 바히아 지역에서 태어난 아우베스는 부친이 지역 유소년 축구 팀을 운영하고 있어 6세부터 축구를 시작했다. 본래 윙어로 시작했으나 득점력이 부족하다는 부친의 지적에 라이트백으로 어린 나이에 포지션을 바꿔 흔치 않게 어려서부터 라이트백 포지션을 집중 조련 받았다. 지역 최고 축구 팀 바히아에서 2001년 프로 선수로 데뷔한 아우베스는 브라질 20세 이하 대표 선수로 스페인을 꺾고 우승한 2003 FIFA U-20 월드컵에서 수비적 포지션임에도 놀라운 속도와 역동성, 공격력을 보여주며 대회 직후 세비야로 임대 이적했다. 이후 세비야와 영구 이적 계약을 체결한 아우베스는 2005-06시즌과 2006-07시즌 UEFA컵 연속 우승의 일등공신으로 활약했다. 2006년 여름 리버풀 이적이 무산된 후 2006-07시즌 코파델레이 트로피까지 들었으며, 첼시 이적설도 있었으나 2008년 여름 바르셀로나 행을 택했다. 6시즌을 세비야에서 보낸 아우베스는 2015-16시즌까지 8시즌동안 바르셀로나에서 뛰며 무수히 많은 우승컵을 들었고, 유벤투스, 파리생제르맹, 상파울루를 거쳐 2022년 1월 다시 바르셀로나로 돌아왔다. 2019년 코파아메리카, 2020년 도쿄 올림픽에서 브라질의 우승을 이끌며 단일 선수 최다 우승 기록(43회)을 달성했다.

루이스 파비아누

세비야는 자체 육성 선수뿐 아니라 몬치 단장 주도 하에 치밀한 스카우트 프로젝트를 바탕으로
저평가된 실력 있는 선수를 발굴하는 데 탁월하다. 다니 아우베스, 줄리우 바프티스타 등
브라질 선수 영입도 성공사례가 많다. 그 중에도 가장 큰 영향력을 발휘한 선수는 스트라이커
루이스 파비아누다. 브라질 폰치 프레타에서 성장해 프로 선수로 데뷔한 뒤 2000년 프랑스 클럽
렌으로 이적한 뒤 실패했다. 임대 이적한 상파울루에서 만개한 파비아누는 2002년 브라질리그
득점왕을 차지하는 등 골폭풍을 일으키며 브라질 국가대표까지 발탁됐다. 2005년 포르투로
이적한 뒤에도 유럽 무대에서는 별다른 활약을 하지 못했으나 2005년 세비야 이적 후 첫 시즌
UEFA컵 결승전에서 득점하며 자신감을 얻었고, 2007-08시즌에는 라리가 30경기에서 24골을
몰아치며 마침내 유럽 무대에서 폭발했다. 2010-11시즌까지 세비야 소속으로 공식 경기
106골을 몰아친 파비아누는 브라질 대표팀에서도 주전 공격수로 활약했고, 2011년 브라질
상파울루로 돌아가 다섯 시즌을 더 활약한 뒤 중국 톈진 취안젠(2016), 브라질 바스쿠 다 가마
(2017)에서 현역 생활의 마지막을 보냈다. 185센티미터의 키에 포스트 플레이가 가능한
선수이면서도 기술적으로 뛰어나고 창의성과 결정력을 두루 갖춰 한 시대를 풍미했다.

이반 라키티치

스위스 FC 바젤에서 프로 선수로 성장한 라키티치는 샬케04을 거쳐 2011년 세비야에
입단한 뒤 전성기를 맞았다. 안정적인 볼 컨트롤 기술과 넓은 시야를 바탕으로 한 패스 공급,
강하고 날카로운 오른발 킥 능력과 풍부한 활동력 및 수비 가담 능력으로 현대 축구에서
가장 완벽한 중앙 미드필더로 평가 받았다. 세비야에서 네 시즌을 보내고 바르셀로나로 2014년
이적해 트레블 달성에 기여했다. 2019-20시즌까지 6시즌을 보냈지만 바르셀로나에서는
역할이 수비적으로 집중되어 조연에 그쳤다. 세비야에서 보낸 첫 네 시즌에 공격의 중심에서
불꽃같은 시간을 보냈다. 2013-14시즌의 경우 라리가에서만 12골을 넣었고, 2013-14시즌
코파델레이 우승 과정에도 원맨쇼에 가까운 2선 공격을 구사했다. 안달루시아 출신 아내와
결혼해 '세비야의 사위'로 불리기도 한 라키티치는 2020년 여름 바르셀로나를 떠나
세비야로 돌아온 뒤 베테랑으로 팀을 이끌고 있다.

Era Real Madrid

레알마드리드의 레전드

라모스는 2005년 세비야에서 레알마드리드로 이적한 후, 16년간 레알의 수비를 이끌었다.

또한 통산 101골을 기록하며, 레알마드리드 역사상 가장 많은 득점을 기록한 수비수로 역사에 남게 됐다.

그의 골은 양과 질이 모두 훌륭했다. 무엇보다 득점의 순도가 매우 높았다.

챔피언스리그 결승전과 클럽월드컵 결승전에서 골을 터뜨리는 수비수를 다시 보기란 매우 어려울 것이다.

"

라모스는 특별히 타고난 자신만의 컨디션을 갖고 있습니다.
그리고 아주 영리하죠.
자신이 있어야 할 곳이 정확히 어디인지 알고 있고
상대를 떨쳐낼 수 있는지 아는 선수입니다.
라모스는 어느 팀을 상대로든,
어느 시점에든 득점할 수 있어요.
악몽 같은 선수죠.

후안프란 데포르티보 풀백

이적료 신기록 세운
열아홉 수비수

MIGUEL ÁNGEL DÍAZ

세비야의 미래는 어떻게 레알마드리드의 레전드가 되었나?
미겔 앙헬 디아스 기자가 라모스의 이적 전말을 공개한다.

2004년 4월, 라몬 마르티네스 레알마드리드 기술담당 비서는 세비야와 하엔의
세군다 B 디비시온 경기를 보기 위해 세비야로 향했습니다. 그는 좌측 수비수로
뛰고 있는 페르난도 베가를 쫓고 있었습니다. 하지만 얼마 지나지 않아,
1부 리그에서 두 달 전에 데뷔한 세르히오 라모스와 깊은 사랑에 빠졌습니다.
마르티네스는 기술사무국에서 일하는 동료 파코 데 그라시아에게 전화를
걸었습니다.

"파코, 인상적인 윙어를 봤어요. 공격도 되고, 수비도 되고, 용감하고, 스피드까지
있습니다."

아리고 사키는 2004년 레알마드리드가 반데를레이 룩셈부르그를 감독으로
선임한 후, 레알마드리드의 스포츠 디렉터로 부임했습니다. 스페인에서 전통적인
크리스마스 복권 추첨이 있었던 날이자 발표 전날인 12월 22일, 그는 바프티스타의
골로 세비야가 1-0 승리를 거두는 걸 목격했습니다. 라모스는 피구를 화려한
마킹으로 막았고, 후반전에 활약한 라울, 지단, 베컴, 오언, 호나우두와 멋진 경기를
펼쳤습니다.
사키는 스페인의 젊은 인재 영입에 찬성했고, 라모스가 세비야에 지불할 2700만
유로가 좋은 투자라는 것을 플로렌티노 페레스에게 납득시키기 위해 최선을

다했습니다.

세르히오가 레알마드리드에 입단한 이후 가장 큰 상처를 받은 일 중 하나는 산체스 피스후안에서 견뎌야 했던 야유였습니다. 호세 마리아 델 니도 세비야 회장이 제시한 비전은 라모스가 수년 후 밝힌 내용과 일치하지 않았습니다. 델 니도는 세르히오에게 세비야에서는 유소년 선수가

절대 돈을 벌지 못할 것이라고 장담했습니다. 세르히오는 유소년 선수들에 대한 처우가 잘못된 것 같다며 자신에게 유리한 종신계약을 제시했고 델 니도 회장은 받아들이지 않았습니다. 선수단에서 가장 많은 연봉을 받는 외국인 선수와 같은 조건으로 10년간 백지 위임 계약이었습니다. 결국 레알마드리드의 라모스 영입 작업이 본격적으로

이루어졌습니다. 델 니도가 거절해 두 구단 간 협상은
이뤄지지 않았습니다. 레알마드리드는 해지 조항으로 설정된
2,700만 유로를 예치하고 세르히오를 데려갔습니다.
세르히오는 기자 회견에서 그에 대한 진실을 말하려고
생각했지만, 그들은 그에게 하지 말라고 충고했습니다.
이윽고 그 진상이 알려지게 되었습니다.

세르히오는 죽는 날 세비야와 레알마드리드, 양 팀의
깃발을 관에 꽂는 것이 소원이라는 점을 여러 차례 분명히
했습니다. 그는 여전히 세비야 선수처럼 느껴지며, 은퇴하기
전에 산체스 피스후안 팬들로부터 박수를 받을 수 있기를
꿈꿉니다. 델 니도 회장은 그 자리에 없겠지만요.

하늘의 제왕

풀백에서 센터백으로 자리를 잡는 과정에서 라모스는 성장과 진화를 거듭했다.
라모스는 2016-17시즌 라리가에서만 7골을 넣었으며 중앙 수비수의 리그 한 시즌
득점 역사에 신기원을 열었다. 당시 부상 등으로 리그 경기 출전이 28경기에 불과했다는
점도 주목할 대목이다. 웬만한 스트라이커를 능가하는 득점력이다. 전체 공식 경기로
따지면 42경기 출전 10득점으로 두 자릿수 득점에 도달했다. 2018-19시즌에는 라리가
28경기 6득점 및 전체 42경기 11득점, 2019-20시즌은 라리가에서만 35경기 11득점,
전체 44경기 13득점으로 커리어 통산 한 시즌 최다 득점을 기록했다.
라모스는 어려서부터 득점력이 탁월한 수비수였다. 레알 입단 이후 한 시즌 최소 득점
기록이 3골이다. 2015-16시즌의 일이다. 2013-14시즌과 2014-15시즌에는 각각 7골을
넣었고, 2005-06시즌 입단 이후 네 시즌 연속 6골씩 넣었다. 라모스는 부상으로 사실상
시즌 절반 이상을 날렸던 2020-21시즌, 그의 마지막 라리가 시즌에도 15경기에서
2골을 넣었고, 챔피언스리그 5경기에서 2골을 기록했다.
라모스는 '하늘의 제왕'이다. 레알에서 기록한 골이 대부분 세트피스 상황의 헤더다.
2005-06시즌 라리가에서 넣은 4골이 모두 헤더 득점이었고, 같은 시즌 챔피언스리그
데뷔골도 헤더로 성공했다. 프로 통산 100경기에 득점을 했고, 104골을 기록했다.
그 중 31골이 결승골이 됐다. 라모스가 득점한 경기 전적은 78승 12무 10패 경기당
2.46점의 승점을 얻었다. 팀을 승리로 이끌거나 패배에서 구한 골이 대부분이라는
이야기다. 이중 52골을 머리로 넣었다. 정확히 절반이다.
레알 레전드 산티야나는 이런 라모스의 헤더 득점력에 대해 이렇게 설명했다.

"우리 시대에도 헤더를 잘 하는 선수는 있었지만 라모스가 보여주는 피지컬은 단연
인상적입니다. 특히 점프력이 대단하죠. 라모스는 공격수처럼 생각할 줄 아는 능력을
가졌어요. 공격수의 정신을 가졌죠. 공이 어디로 갈지를 예측하는 능력이 탁월합니다.
그는 경기를 미리 읽을 수 있는데, 그게 가장 큰 힘이자 열쇠죠."

산티야나는 라모스와 같은 능력은 훈련으로 구축할 수 있는 게 아니라고 했다.

그의 '헤더'는 경기가 잘 풀리지 않을 때,
레알마드리드가 가진 최고의 공격 무기 중 하나입니다.
라모스의 헤더는 크리스티아누 호날두가 페널티킥을 차기 위해 두 손으로
공을 들었을 때보다 신뢰할 만하죠. 그 효율성은 모든 의심 범위를 넘어섭니다.
계속해서 비슷한 상황이 반복되고 있지만,
상대 팀들은 이 안달루시아인의 헤더를 막아낼 비책을 찾지 못하고 있죠.

미겔 앙헬 디아스

"슈팅은 연습할 수 있지만, 예측 능력과 위치 선정 능력은 깨닫는 것입니다. 어디에 있어야 하고, 언제 뛰기 시작해야 하고, 언제 점프를 해야 하는지, 어느 지점에서 임팩트를 줘야 하는지, 어떻게 몸을 돌려야 하는지, 어떤 방향으로 가야 하는지. 공격수의 본능과 같은 것이죠."

라모스에게 공격수의 감각이 있다는 것은, 세비야 시절 그를 지도했던 카파로스 감독도 언급한 바 있다. 라모스는 직접 프리킥으로도 심심치 않게 득점하고 있고, 축구 선수가 보여줄 수 있는 모든 기술을 능숙하게 구사하고 있다. 기술적인 면 뿐 아니라 팀 원 전체를 이끌며 팀 분위기를 고양시키는 타고난 리더다. 라모스의 축구 경력은 아직 한창이고, 몇 년 뒤에는 그가 또 다른 길을 개척하고 있을지도 모를 일이다.

"라모스는 때로 중앙 공격수가 된 것처럼 생각을 합니다. 슈팅도 아주 아크로바틱하게 구사하죠. 세르히오는 계속 발전하고 있어요. 중거리 슈팅 능력도 좋아지고 있죠. 이에로처럼 정밀해지고 있습니다. 그는 지금까지도 계속 발전하기 위해 훈련하고 있습니다." _ 호아킨 카파로스

바르사가 엘클라시코에서 가장 경계한 대상은 크리스티아누 호날두보다 세르히오 라모스였다. 이미 캄노우에서도 경기 종료 직전 극적인 헤더로 동점골을 기록한 라모스는, 역대급 득점 기세로 레알 최고의 공격 무기라는 평가를 받았다. 2016–17시즌의 문을 연 세비야와 UEFA슈퍼컵에서 극적인 헤더 동점골로 연장 승리를 이끌어낸 라모스는 시즌 34차례 공식 경기에서 10골을 넣으며 프로 데뷔 후 처음으로 한 시즌 두 자릿수 득점에 도달했다. 이중 8골을 헤더로 기록했다는 사실은 경이롭다. 라모스는 본래 헤더 득점력이 탁월했으나 이토록 빈번하게 득점한 적은 없었다. 라모스뿐 아니라, 축구 역사상 그 어떤 수비수도 이루지 못한 일이다. 미겔 앙헬 디아스 기자는 "사람들은 우연히 벌어진 연속된 사건이라고 보지만, 사실 라모스의 헤더는 주기적으로 일어나고 있는 일"이라고 했다. 운명적인, 혹은 우연이 발생한 사건이 아니라 필연적으로 계획된 전략적 요소가 있다는 얘기다.

라모스의 극장골, 그리고 헤더의 비밀을 풀기 위해 스페인 현지의 도움을 빌렸다. 라모스 본인, 그리고 라모스를

상대했던 상대 선수들, 라모스의 플레이를 근거리에서 오래 지켜본 미겔 앙헬 디아스 기자를 통해 디테일을 들여다봤다.

"비밀이요? 평생 헤더를 해왔는데요." 질문을 받은 라모스가 웃으며 답했다.

라모스는 어린 시절 바닷가에서 그의 형 레네와 공 따먹기 놀이를 즐겼다. 매번 아버지 호세 마리아가 하늘 높이 공을 차올렸다. 라모스는 공을 쟁취하기 위해 두 팔을 쭉 뻗으며 뛰어 올라야 했다. "아버지가 날 보지 못하면 균형을 조금이라도 깨기 위해 온 몸을 던져야 했죠. 난 형이 더 급하게 뛰도록 하려고 먼저 서둘러 뛰는 것처럼 행동했어요. 그러면 형이 나보다 먼저 떨어질 테니까요. 형이 키가 더 컸기 때문에 내겐 쉽지 않았어요. 하지만 그게 내 첫 번째 레슨이었죠. 단순한 공놀이 이상이었어요." 어린 시절부터 공중볼 경합은 자연스럽게 그의 몸에 배었던 일이다. 라모스는 프로 경력을 시작한 이래 늘 헤더를 잘해왔다. 공중전은 늘 그의 강점 중 하나로 꼽혔다. 세비야에서 프로 선수가 되고 보낸 첫 시즌에도 훈련이 끝날 때까지 공중볼 연습을 했는데, 팀 공식 훈련 시간이 끝나면, 이를 연장해서까지 달려들 정도로 도전적이었다. 공중볼 내기도 즐긴다. 세비야에서 첫 시즌에 훈련이 끝날 때까지 도전했다. 때로는 훈련 기간을 늘려서까지 했다. 파블로 알파로, 하비 나바로, 아이토르 오시오 같은 선배 센터백들과 수많은 전투를 통해, 라모스는 더 강력한 수비수가 될 수 있었다. "내 곁에 좋은 마에스트로들이 있었어요." 세르히오가 농담했다. 부단한 연습의 결과라고 하지만, 라모스라는 선수의 스타일을 규정하는 과정에서 결정적인 요소는 '거리의 축구' 다. 라모스는 유년기의 오랜 시간을 거리에서 보냈다. 학업을 그만두기로 결정한 것은 14살 때. 부모님의 허락을 받았다. 일부 사람들 그의 인생에서 가장 큰 실수가 될 수 있는 결정일 수 있다고 우려했다. 비록 어린 아이에게 최고의 결정은 아니겠지만, 다행히 라모스에게는 일이 잘 풀린 경우가 됐다. 라모스는 카마스에서 세비야로 가기까지 유소년 선수로 오랜 시간을 훈련했다. 아직 소년이던 시기부터 '어른'들 사이에서 단련했다. 라모스는 교실로 돌아온 뒤에는 낮잠에 빠져들 때가 많았다. 라모스의 학교는 거리였다. 그게 라모스를 교활하고, 때론 악하고, 영리한, 아주 영리한

선수로 만들었다.

라모스는 아틀레티코와의 챔피언스리그 결승전에서 두 번이나 세트피스 상황에서 마법 같은 골을 넣었고, 2016-17시즌에는 경기 종료 직전의 순간에 세비야, 바르사, 데포르티보라코루냐전 등 세 차례 경기에 극장골을 넣었다. 라모스가 이런 플레이를 계속 만들어내고 있음에도 상대 팀들은 속수무책으로 당했다. 라모스를 상대하는 선수들도 막을 수 없는 이유를 설명하지 못하는 모습이다. 라모스에게 극적인 헤더로 실점한 베티스 골키퍼 아단, 데포르티보 풀백 후안프란은 레알 유소년 선수 출신이다. 라모스를 잘 알고 있는 선수라고 할 수 있다. 베티스 골키퍼 아단의 설명이다.

"선수들과 일주일 내내 이야기를 했어요. 라모스는 아주 가까이서 지켜봐야 해요. 그에겐 1미터의 공간도 줘선 안 됩니다. 하지만 결국 당하고 말았죠. 베르나베우에서 우린 좋은 경기를 했어요. 80분까지는 비기고 있었죠. 하지만… 다시 그의 헤더가 나타났어요. 결국 지고 말았습니다."

데포르티보와 경기에선 더 정확한 '라모스 모멘트'가 등장했다. 데포르티보는 65분에 호셀루의 두 번째 골이 터지며 리드를 잡았다. 84분까지 리드를 유지하고 있었다. 마리아노가 동점골을 넣었다. 홈에서 경기한 레알의 입장에선 잔여 시간이 촉박하게 느껴질 시점이었다. 89분에 토니 크로스가 코너킥을 찼다. 그리고 라모스의 헤더가 다시금 불을 뿜었다. 지단의 팀에 승점 3점을 또 안겼다. 라모스의 악몽을 겪은 데포르티보 풀백 후안프란의 설명이다.

"라모스는 막을 수 없다는 느낌을 주는 선수입니다. 내겐 라모스가 현 시점에서 최고의 세계 센터백일 뿐 아니라, 축구 역사상 최고의 센터백이죠. 라모스는 특별히 타고난 자신만의 컨디션을 갖고 있습니다. 그리고 아주 영리하죠. 자신이 있어야 할 곳이 정확히 어디인지 알고 있고, 상대를 떨쳐낼 수 있는지 아는 선수입니다. 라모스는 어느 팀을 상대로든, 어느 시점에든 득점할 수 있어요. 그는 악몽 같은 선수죠."

플레이에는 즉흥적인 부분이 있고, 전략적인 부분이 있다.

지단의 작전판과 그의 조력자들은 그 결실을 맺었다. 미겔 앙헬 디아스 기자는 "레알마드리드가 라모스의 헤더 득점을 위해 훈련하는 디테일을 묻는다면, 상대팀에게 힌트를 주는 일이 될 수 있기 때문에 공개하지 않는다"고 했다.

꾸준히 레알마드리드 훈련장 발데베바스를 찾은 미겔 앙헬 디아스 기자는 토니 크로스라는 최고의 키커와 라모스의 호흡이 절정에 도달했고, 지속적으로 이어지는 세트피스 동선 훈련이 '라모스 모멘트'를 만든 것이라고 했다. 즉흥성도 있지만, 우연히 들어가는 골은 아니다.

"발데베바스에서는 매일 골을 마무리하는 영역에서의 움직임에 대해 가르칩니다. 크로스와 라모스는 서로 바라보기만 해도, 미세한 표정만으로도 서로 이해하는 사이가 됐죠. 몇 미터 간격을 두고 동료 선수들이 슈팅 공간을 찾아 움직이는 것 역시 꽤 비밀스러운 미션입니다. 다른 방향으로 뛰면서 수비수로 하여금 다른 쪽으로 향하게 유도하고, 라모스는 잊어버리게 하는 것이죠. 또 다른 준비는, 상대 수비를 블록으로 방어해 라모스의 점프를 방해하지 못하도록 하는 것입니다."

라모스는 레알마드리드 역사상 가장 많은 골을 기록한 수비수다. 통산 671경기에 출전해 101골을 기록하고 떠났다. 윙백 출신인 호베르투 카를루스(68골)조차 제친 기록이다. 레알의 전설 페르난도 이에로(67골)보다 많은 골을 넣었다. 라리가로만 한정해도 최고 기록 수립자다. 라모스는 라리가에서만 74골을 넣었는데, 이는 로날드 쿠만(67골)과 이에로(53골)이 갖고 있던 종전 최고 기록을 모두 경신한 것이다.

라모스의 골은 순도도 높다. 두 번의 챔피언스리그 결승전과 클럽월드컵 준결승과 결승전에서 득점했다. 그리고 UEFA슈퍼컵, 2014년 뮌헨의 알리안츠아레나에서 두 골을 넣었다. 기적의 사나이가 만든 작품은 끝나지 않을 것 같다. 라모스의 '93분 버전'이 흥미로운 것은 레알에서만 만들고 있다는 점이다. 스페인 대표팀에서는 2016년까지 '라모스 모멘트'가 발현된 적이 없다. 당시 라모스는 스페인 대표팀에서 142회 A매치에 출전해 10골을 넣은 기록을 세웠는데, 어떤 골도 마지막 순간에 헤더로 득점하지 못했다. 미겔 앙헬 디아스 기자는 "다음 월드컵을 위해 선물로 남겨둔 것 아닐까?"라며 웃었다.

2014 FIFA CLUB WORLDCUP
라모스가 2014 클럽 월드컵에서 골든볼을 받은 이유

축구 선수가 최고의 자리에 오르기 위해 필요한 것은 발로 공을 잘 다루는 것만이 전부가 아니다. 2014 FIFA 클럽월드컵에서 골든볼을 수상한 스페인 수비수 세르히오 라모스는 준결승전과 결승전에서 연이어 헤더 결승골을 뽑아내며 영광의 주인공이 되었다.

대회 전까지만 하더라도 공격수 크리스티아누 호날두가 대회 최우수 선수에 오를 유력한 후보로 꼽혔으나, 정작 호날두는 두 경기에서 모두 득점포를 가동하지 못했다. 수비적인 자세를 취한 낯선 상대팀의 골문을 여는 데 필요한 것은 세트피스 공격이었고, 라모스는 세트피스 공격에서 최고의 해결사였다.

라모스는 북중미 챔피언 크루스아술(멕시코)과의 준결승전에 전반 15분 토니 크로스의 프리킥을 헤딩 득점으로 가져가며 4-0 대승의 마수걸이 골을 넣었고, 남미 챔피언 산로렌소(아르헨티나)와의 결승전에서 팽팽한 공방이 이어지던 전반 37분 크로스의 코너킥을 헤딩 선제골로 해결했다.

라모스가 클럽월드컵 두 경기에서 기록한 헤딩 득점은 그의 영리하고 침착한 움직임과 공을 끝까지 보고 시도한 집중력이 빛났다. 더불어 상대 수비를 현혹시킨 동료 공격수들과의 조화가 잘 이루어졌다.

라모스는 결승전을 마친 뒤 가진 인터뷰에서 "우리 팀에는 특별한 패싱력을 갖춘 선수들이 있다"며 동료들의 도움에 감사하면서도 "하지만 내 자신의 수훈이 없다고 말하고 싶지는 않다"며 자신의 성취에 대해 이야기했다. 그리고 앞으로 계속해서 골을 넣고 싶다는 야심을 밝혔다.

"난 언제나 골을 넣는 일을 좋아했습니다. 현대 축구에서 골을 넣을 수 있는 선수들이 높은 가치를 인정 받아요. 야망을 가져야 하고, 과거에 머물러 있어서는 안됩니다."

라모스는 2014년 한 해 동안 레알 유니폼을 입고 10골을 넣었다. 라리가 소속 센터백 중 최다 득점 기록이다. 산로렌소전 라모스의 득점 상황을 자세히 살펴보자. 크로스가 코너킥을 찬 순간 문전에 가레스 베일, 호날두, 카림 벤제마가 각각 마스, 카넨만, 메르시에르의 마크를 당했다. 산로렌소는 핵심 공격수인 세 명에게 대인 방어를 붙이고, 골문 앞에 카우테루치오, 배후 침투 공간에 예페스와 칼린스키, 페널티 에어리어 바깥 쪽에 한 명의 수비수를 배치했다. 부파리니와 오르티고사가 짧은 코너킥을 시도할 것에 대비해 페널티 에어리어 좌측 바깥 쪽에 섰고, 베론과 바리엔토스는 페널티 에어리어 중앙 바깥 쪽에서 시도될 수 있는 중거리슛에 대비했다.

라모스와 페페는 베일-호날두-벤제마의 뒤에서 침투를 시도했다. 라모스는 예페스가 자신의 동선을 막아서자 영리한 속임 동작으로 이를 떨쳐냈다. 킥이 이루어지는 순간 공에 대한 낙하지점을 알고 있던 라모스는 니어 포스트 쪽으로 움직이며 예페스의 무게 중심을 앞쪽으로 쏠리게 한 뒤 그의 뒤편으로 돌아들어갔다.

공의 낙하지점 부근에서는 카넨만이 호날두가 뜨지 못하도록 막아서고 있었다. 카넨만이 더 높이 점프하며 헤딩 커트를 시도했으나 공의 낙하 지점을 더 정확히 포착한 쪽은 라모스였다. 라모스는 뛰어 들어오는 추진력까지 더해 안정적으로 헤딩 슈팅에 성공했다.

공의 낙하지점을 정확히 포착하는 라모스

앞서 있었던 크루스아술전에도 베일과 호날두, 벤제마가 크로스의 프리킥이 시도되었을 때 니어포스트 쪽으로 달려들어 상대 수비진이 문전 위험 지역에 공간을 남겨두도록 했다. 동료들이 상대 수비수들을 혼란스럽게 만든 기여가 있었지만, 헤더 마무리를 하기까지 라모스의 모습을 살펴보면 공의 낙하지점을 귀신 같이 포착하는 그의 영리함을 알 수 있다.

골키퍼 코로나가 섣불리 점프를 시도한 뒤 펀칭에 실패하는 치명적인 실수를 한 반면, 라모스는 공의 진행 방향에 맞춰 정확한 시점에 뛰어올라 헤딩 슈팅을 성공시켰다. 자신을 견제하는 수비수들이 먼저 점프를 시도해 우위를 점하려던 순간에도 공에서 눈을 떼지 않고 헤더 타점을 계산했다.

헤더 슈팅에서 가장 중요한 것은 크로스 패스를 통해 날아오는 공을 끝까지 보고, 눈으로 타점을 확인한 뒤 시도하는 것이다. 눈을 질끈 감고 될 대로 되라는 식으로 머리를 휘젓는 마구잡이 슈팅은 정확성이 크게 떨어진다.

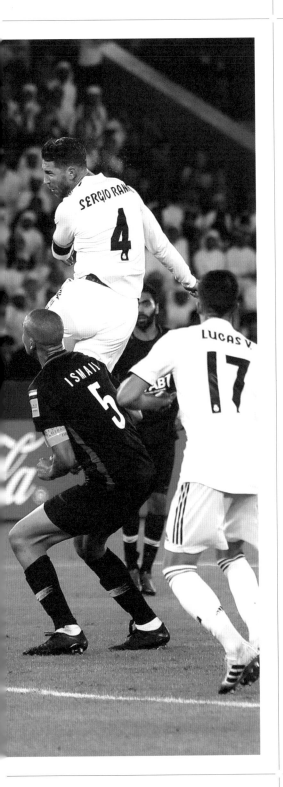

2

헤더 슈팅은 정확성과 더불어 세기가 강해야 한다. 점프를 시도했을 때 최고점에 도달해야 도약하는 힘이 실린 채 강하게 헤딩할 수 있다. 먼저 뛰었다가 내려오는 상황에서 헤더를 하면 약해지고, 뒤늦게 뜨면 공을 빠트리게 된다. 라모스는 이 두 가지 기본을 충실히 이행할 수 있는 판단력과 기술을 갖추었다.

헤더는 키로 하는 것이 아니다

지금은 센터백으로 자리를 잡았지만, 프로 경력 초기 라모스는 센터백과 라이트백을 번갈아가며 소화하는 경우가 많았다. 스페인 국가대표팀에서는 라이트백으로 먼저 두각을 나타냈고, 2007년부터 2011년 사이에는 라이트백으로 나선 경기가 대부분이었다.

그렇지만 라모스가 세계 최고의 수비수로 인정받기 시작한 것은 센터백 포지션에서다. 스페인의 파올로 말디니로 불린 라모스는 풀백으로 나설 때 공격 가담 후 수비 전환 시에 속도와 균형에서 문제를 드러냈다. 역동성이 뛰어나고 크로스 패스가 예리했지만, 발 빠른 측면 공격수를 방어하는 데 애를 먹었다.

라모스가 센터백으로 먼저 선택되지 않은 이유에는 중앙 수비수치고는 크지 않은 183cm의 신장의 영향도 있다. 라모스를 다시 센터백으로 중용한 것은 주제 무리뉴 감독이다. 무리뉴 감독은 라모스의 수비 지휘력과 위치 선정, 문전 장악력과 전진 롱패스 능력을 최대치로 활용했다. 카를레스 푸욜이 부상으로 인해 기량을 잃기 시작한 시점에 스페인 대표팀도 라모스를 같은 위치에서 중용하기 시작했다.

앞서 언급한대로 183cm의 라모스는 중앙 수비수 포지션에서 신체조건상 유리한 선수가 아니다. 하지만, 공중볼 경합 승률은 매우 높다. 2013-14시즌 라모스는 라리가 32경기에 출전해 경기당 평균 4.5회의 공중볼 경합을 벌였는데, 이중 3.4회나 공을 따냈다. 진 경우는 1.1회에 불과하다.

재계약 논란, 실력으로 가치 증명

라모스는 집중력에 대해 칭찬할 이유가 하나 더 있다. 클럽월드

컵 대회를 앞두고 라모스와 레알 사이에 재계약 협상을 두고 의견 차이가 발생했다는 사실이 언론에 알려졌다. 라모스의 레알 이적을 주도했던 전 레알 단장 아리고 사키가 최근 발데베바스 훈련장에서 라모스와 나눈 대화를 언론에 알리면서 벌어진 일이다.

사키는 "라모스가 자신은 레알에 계속 남고 싶은데 플로렌티노 페레스 회장이 적은 금액을 제시해서 내게 의견을 구하더라"고 이탈리아 스포츠신문 가제타 델로 스포르트에 털어놨다. 이 보도가 나간 뒤 영국 일간지 익스프레스는 "라모스가 재계약에 실패할 경우 주제 무리뉴 감독이 그를 첼시로 영입하기 위해 움직일 것"이라고 보도하며 이적설까지 제기됐다.

라모스는 2017년 여름까지 레알과 계약되어 있었다. 2013-14시즌 도중 계약 연장 협상이 시작되었으나 1년 가까이 클럽과 선수가 합의점에 도달하지 못했다. 언론에 알려진 바에 따르면 2019년 혹은 2020년까지 연장하는 조건이며 연봉 인상분에 대해 이견이 있다. 이때 라모스의 연봉은 650만 유로(약 88억원)였다. 앞선 5년 간 뚜렷한 인상이 이뤄지지 않았다. 당시 라모스 측은 1,000만 유로(약 135억원)의 연봉을 요구한 상태였다. 라모스는 이미 레알 축구 역사상 최고의 수비수로 평가 받고 있고, 지난 몇 년간 레알이 들어올린 모든 트로피에 막대한 기여를 했다.

사키는 라모스에게 금액과 관계없이 잔류를 권했다. 과거 AC밀란을 떠난 안드리 셉첸코, 카카 등이 돈을 따라 움직였다가 전성기에서 내려온 사례를 들었다. 라모스는 논란을 피하지 않고 공식 입장을 밝혔다.

"난 지금까지 돈을 따라 움직인 적이 없습니다. 재계약은 전적으로 나의 행복과 회장의 의견에 달려 있어요. 재계약을 하는 데 문제가 있을 것이라고 생각하지 않습니다. 아직 2년의 계약이 더 남아있고, 난 계속 레알에서 뛰는 것에 대해서만 생각하고 있어요. 레알에 모든 것을 쏟겠다는 생각입니다."

절묘한 시점에 터진 결정적인 두 골과 골든볼 수상은 라모스를 두고 벌어진 '연봉 줄다리기'의 결과에도 적지 않은 영향을 미쳤다. 라모스는 그라운드 위에서 자신의 진가를 입증했다. 라모스는 하늘에서만 제왕이 아니다. 장거리 대각선 패스를 통한 빌드업과 직접 프리킥으로도 골을 넣을 수 있는 다양한 재능이 있다. 경기장 안팎에서 동료 선수들의 사기를 끌어올리고, 하나로 뭉치게 만드는 사교성과 리더십까지 갖췄다. 결국 레알마드리드는 라모스와 2021년까지 장기 계약을 체결했으며 연봉 조건까지 그의 요구를 수락했다.

03

라데시마의 영웅

2013-14 챔피언스리그 결승전
레알마드리드 승리 분석

레알마드리드에 있어 '라데시마(La Decima, 열 번째 챔피언스리그 우승)'는
염원이자 숙명이었다. 그리고 레알마드리드와 아틀레티코마드리드의 마드리드
더비로 펼쳐진 2013-14시즌 UEFA챔피언스리그 결승전은 각본으로 썼다면
'비현실적'이라고 비판 받았을 정도로 극적인 일이 벌어졌다. 결승전답게
용호상박의 치열한 경기였다. 양 팀 모두 강점과 약점을 극명하게 드러내며
치고 받았다. 팽팽한 흐름을 뒤흔든 것은, 언제나 그렇듯 집중력과 디테일이었다.
그리고 라모스의 '머리'가 있었다.

먼저 기록을 통해 결승전 경기를 살펴보자. 전반적인 기록에서 앞선 것은 우승팀
레알마드리드다. 연장전을 포함한 총 120분 동안 전체 슈팅 시도 및 유효 슈팅,
득점에서 앞서며 승리했다. 골키퍼가 더 많은 선방을 한 점과 가로채기, 더 많은
태클을 시도하고 성공한 수비적 측면을 제외하면 대부분의 기록에서
레알마드리드가 우위를 점했다.
그러나 기록상의 우위와 별개로 세르히오 라모스의 헤딩 동점골이 나오기 전까지
92분 간의 승자는 아틀레티코였다. 레알마드리드가 기록한 62.1%의 볼 점유율 및
81.9%의 패스 성공률은 실상은 무효한 경우가 대부분이었다. 효율성의 측면에서
주제 무리뉴 감독의 등장 이후 최고 수준을 보여주고 있는 디에고 시메오네의 팀은
기록지로 설명할 수 없는 단단한 경기를 했다.

FINAL

레알마드리드 **4 : 1** 아틀레티코마드리드

레알마드리드		아틀레티코마드리드
4/8/20	득점/유효슛/슈팅	1/3/11
4	선방	5
5/9	코너킥	1/9
12/47	크로스	4/25
20/38	돌파	7/12
10/36	태클	32/76
23/45	공중볼 경합	19/45
17	가로채기	31
46	걷어내기	37
526/642	패스(시도/성공)	254/374
81.9%	패스 성공률	67.9%
62.1%	볼 점유율	37.9%
27	파울 유도	19

양 팀의 활동 지역을 살펴보면 조금 더 이해가 쉽다. 레알마드리드가 우위를 점한 지역은 중앙과 측면 후방이다. 아틀레티코는 최후방 수비 진영에서 레알마드리드보다 많은 시간을 머물렀고, 동시에 레알마드리드 진영의 전방 측면 공간에서도 활동시간이 길었다. 전방 압박에 신경쓰고,

역습 공격시 깊숙하게 상대 후방을 파고들었지만, 수비 시에 위협이 덜한 지역에서는 힘을 낭비하지 않았다. 실제 선수 포진도와 함께 살펴보자. 레알마드리드는 4-3-3 포메이션으로 나섰다. 호날두, 벤제마, 베일이 스리톱으로 나서고, 디마리아, 케디라, 모드리치가 세 명의 미드필더로

선수포진도

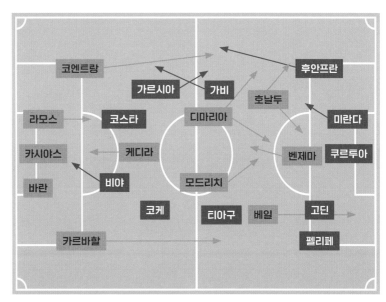

활동지역

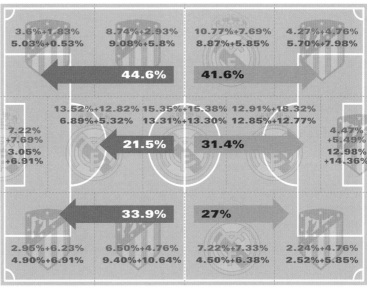

중앙에 포진했다. 코엔트랑, 라모스, 바란, 카르바할이 포백 라인으로 나섰고, 카시야스가 골문을 지켰다.

카를로 안첼로티 감독은 4-3-3 포메이션과 4-4-2 포메이션의 유기적 혼용으로 성과를 냈다. 호날두가 벤제마의 옆으로 올라오고, 디마리아가 왼쪽 측면으로

이동하면서 4-4-2로 쉽게 변형된다. 레프트백 포지션에는 아틀레티코의 역습에 대비해 코엔트랑이 마르셀루 대신 선발 출전했다.

레알의 고전, 알론소의 부재와 BBC 트리오의 봉쇄

레알마드리드가 이날 경기 내내 위협적이지 못한 이유는
BBC 트리오로 불리는 세 명의 공격수가 해법을 찾지 못했기
때문이다. 유럽 축구 역사상 최고의 트리오로 불리는
세 명은 아틀레티코의 질식 수비에 철저하게 무력화됐다.
아틀레티코의 수비 조직은 그야말로 물샐 틈이 없었다.
벤제마는 수비 지역에서 자신의 자리를 이탈하지 않은
미란다와 고딘을 공략하지 못했다. 후안프란과 필리페도
측면 배후 커버 속도가 빨라 넓게 움직이며 공간을 만드는
벤제마 특유의 플레이가 살아날 수 없었다. 공간 자체가
없었기 때문이다. 포백은 지속적으로 앞선의 4명의
미드필더로부터 수비적 지원을 받았다. 뛰어 들어가거나
스위칭 플레이로 공간을 만들 여지가 없었다. 결국 벤제마는
90분을 채우지 못하고 알바로 모라타와 교체되고 말았다.
폭발적인 스피드를 갖춘 베일은 개인 능력으로 공간을

창조할 수 있는 선수다. 그러나 이날은 당대 최고의
레프트백이라 할 수 있는 필리페와의 일대일 대결에서
철저하게 패했다. 필리페는 이날 총 8번의 태클을 시도해
5차례 성공했고, 3차례 안정적인 걷어내기로 베일의 공격을
막아냈다. 필리페가 브라질 대표팀에 선발되지 못한 것은
지금도 의아한 부분이다.

호날두는 부상 이후 여전히 최상의 몸 상태를 회복하지 못한
모습이었다. 디에구 코스타처럼 끝내 교체되어 나가지 않고
120분을 모두 소화했으나 절정기에 보인 폭발력과 역동성을
보이지 못했다. 호날두는 단 하나의 유효 슈팅도 기록하지
못했고, 드리블 돌파에도 성공하지 못했으며, 결정적인
패스 연결도 만들어내지 못했다.

상대적으로 돋보인 곳은 중원과 중원 측면 지역이다. 공격
상황에서 디마리아와 모드리치가 이 지역에서 아틀레티코의
전방 압박에도 안정된 볼 소유력을 보였고, 코엔트랑과

카르바할이 적절하게 전진해서 숫자 지원을 해주면서
공격 작업을 벌였다. 그러나 전방에 자리한 세 명의
공격수가 묶이다 보니 골문을 직접 위협할 상황을 만들지
못했다.

모드리치는 아름답게 공을 찼지만, 결승전 경기에서 최우수
선수로 선정되었듯 가장 돋보인 인물은 디마리아다.
디마리아는 왼쪽 측면 및 중앙 전방으로 공을 운반하며
공격의 활로를 개척한 것은 물론 코엔트랑과 마르셀루의
오버래핑 시도 시 뒷공간을 커버하는 헌신성을 보였다.
120분 전력을 다해 뛰면서도 지친 기색 없이 현란한
드리블링으로 아틀레티코 수비를 괴롭혔다. 결국 연장전
도중 베일의 헤딩 결승골을 이끌어낸 돌파와 크로스가
그의 발 끝에서 나왔다. 다양한 역할을 소화하면서,
경이로운 개인 능력을 보이는데다. 전술적 이타성을 겸비한
디마리아야 말로 안첼로티 감독의 전술에서 가장 없어선

안될 선수라 할 수 있다.
디마리아와 모드리치의 소유력과 두 풀백의 오버래핑을
100% 활용하지 못한 이유는 사비 알론소의 부재가 크다.
알론소는 경고 누적 징계로 관중석에서 경기를 봐야 했다.
알론소를 기용할 수 없는 상황에 케디라가 부상에서
돌아와준 점은 다행이지만, 케디라는 공수 양면에서 모두
효과적이지 못했다. 두 차례 태클 시도는 모두 성공하지
못했고, 7번의 헤딩 경합에서 모두 패했다. 상대의 공을
탈취한 것도 고작 한 차례였다. 오히려 아틀레티코
공격진의 전방 압박에 공을 잃는 경우가 빈번했다. 패스
성공률도 67%에 불과했다. 안정적인 배급에도 실패했다.
케디라는 무리뉴 감독 시절 공수 양면에 걸친 부지런한
돌격 대장이었다. 그는 알론소의 옆에 자리할 때 그 능력을
120% 선보였다. 그러나 포백의 앞 자리는 케디라에게
어울리는 자리가 아니었다. 더구나 불완전한 컨디션을

보이며, 아틀레티코를 상대하는 경기였다면 더더욱 그랬다.
결국 라모스가 더 많이 움직이며 케디라의 불안함을
커버할 수 밖에 없었다. 케디라의 부진한 플레이에도
레알마드리드가 수비 상황으로 전환되는 과정에서 흔들리지
않을 수 있었던 것은 디마리아의 부지런한 커버링과 더불어
라모스의 안정된 플레이 덕분이었다.

라모스, 레알마드리드의 정신

라모스는 레알마드리드가 기록한 총 46회의 걷어내기
수비 중 16회를 자신이 처리했고. 처리 지역은 이중 9회가
자신의 영역인 페널티 에어리어를 벗어난 중원 및 측면
지역이었다. 라모스는 8번의 공중볼 경합에서도 5차례
승리했고, 패스 성공률도 85% 이상을 기록했다. 총 7차례의
가로채기도 하프 라인 부근에서 성공해 공격 전개의 전환
시발점이 됐다. 실질적으로 수비형 미드필더가 해주어야 할
역할까지 소화했다.

스페인 스포츠지 마르카는 라모스를 이날 경기 최고의
선수로 선정했다. 수비적인 탁월한 기여와 더불어 패색이
짙었던 후반 추가 시간에 극적인 헤딩 동점골로 '라 데시마'
의 희망을 살린 주인공이기 때문이다.

라모스는 세트피스 상황의 공격 가담 및 득점력이 뛰어난
선수다. 뒤에서 달려들어와 슈팅을 시도하기 때문에 방어가
까다롭다. 호날두를 비롯해 고공 공격에 일가견이 있는
선수들이 다수 포진한 레알마드리드이기에 상대 수비는
라모스를 방어하는 일이 까다롭다. 득점 장면에서도
아틀레티코는 모드리치의 코너킥이 올라오자 마크맨을
확실하게 설정했다. 그러나 라모스가 공의 낙하지점으로

세르히오 라모스 2013-14 챔피언스리그 결승전 수비범위 (걷어내기, 가로채기, 태클)

뛰어들어갈 때 커버 플레이를 시도하던 고딘이 모라타의
동선에 막혀 끝까지 따라가지 못했고, 티아구의 커버링이
한 박자 늦어지면서 라모스의 헤딩 시도를 막지 못했다.
라모스의 헤딩 슈팅은 야신이 살아 돌아와도 막을 수 없는
구석으로 꽂혔다. 그야말로 완벽한 헤딩 슈팅이었다.
레알마드리드의 부주장인 라모스는 이때부터 실질적인 팀의
리더였다. 골키퍼 이케르 카시야스는 주장임에도 실책으로
선제골을 내주며 집중력에 문제를 보였다. 그는 오랫동안
주장직을 맡으면서도 팀이 실점한 이후 분위기를 살리는
데 실패했다. 낙천성과 투쟁심에서는 라모스가 한 수 위다.
실제로 스페인 대표팀에서도 사기를 끌어올리는 역할을

라모스가 맡았다.

2012-13시즌 대회 준결승전에서 탈락하는 과정에도
라모스는 2차전 경기에서 마지막 희망을 살린 골을
터트렸다. 끝까지 포기하지 않는 라모스야 말로
레알마드리드의 심장이다. 2011-12시즌 챔피언스리그
준결승 바이에른뮌헨전 승부차기에서 하늘로 실축한
라모스는 직후 열린 유로 2012 대회에서 파넨카킥으로
승부차기를 성공시켰다. 시련과 패배 속에 성장하는 불굴의
사나이 라모스는 이미 레알마드리드의 역사다.
스페인 축구 연수로 현장에서 유럽 축구를 경험한 바 있는
김호영 전 광주FC 감독은 "푸욜의 시대가 끝났지만 스페인

축구는 라모스의 등장으로 별 문제를 겪지 않을 것이다. 정신, 수비, 공격 등 모든 면에서 라모스는 최고의 수비수" 라고 극찬했다.

더불어 페페의 부상 공백은 올 시즌 내내 컨디션 난조를 보여온 라파엘 바란이 마침내 정상 경기력을 되찾으며 메울 수 있었다. 바란은 다시금 무리뉴 감독 시절에 보여준 세련된 수비를 보이며 이날 레알마드리드의 수비를 안정화하는 데 크게 기여했다.

NUESTRA FORMA DE VIDA

아틀레티코 팬들은 이날 경기 시작을 앞두고 'NUESTRA FORMA DE VIDA(우리가 살아가는 방식)'이라는 문구를 새겨 넣은 대형 통천을 내걸었다. '매 경기를 마지막처럼' 이라는 슬로건과 함께 2013-2014시즌을 달려온 아틀레티코는 끝내 라리가 우승을 이뤘고, 정말로 유럽 축구 시즌의 마지막 일정까지 도달했다.

끝까지 버텨내겠다는 아틀레티코의 정신은 체력적으로 극한의 상황에 몰린 시점의 결승전에서도 흔들리지 않았다. 볼 소유력에서 뒤졌지만 실점 위기는 거의 없었다. 그 집념이 카시야스의 실책과 겹치며 선제골로 이어졌다. 우루과이 수비수 고딘은 아틀레티코 정신의 정수다. 그는 라리가의 결승전이 된 FC바르셀로나와의 38라운드 최종전에서도 헤딩으로 골을 넣었고, 레알을 상대로도 헤더를 넣었다. 올 시즌 총 7골을 넣었는데 모두 헤딩골이었다. 3개 대회에서 모두 헤딩골을 넣었고, 프로 데뷔 후 자신의 한 시즌 최다골 기록을 세웠다. 네 명이 한 조를 이뤄 가하는 압박의 강도는 90분 내내 지속됐다. 코스타의 상태가 불완전했지만 비야가 전력을 다해 뛰었고, 그 어떤 상대 견제와 압박에도 투지를 불태웠다. 한 동안 잦은 부상 및 기복으로 스페인 대표팀에서 밀려났던 비야는 아틀레티코에서 강화된 정신을 바탕으로 부활에 성공했다.

몸 상태가 확실하지 않은 코스타를 선발로 내보내며 9분 만에 교체 한 것은 결국 시메오네 감독은 가장 결정적인 패착이 됐다. 시메오네 감독은 "나의 실수"라고 인정했다. 경기가 연장전으로 접어들면서 체력적 어려움을 겪어 한 장의 교체 카드가 절실한 상황을 맞았기 때문이다. 그러나 훈련장에서 전력을 다해 회복 의지를 보인 코스타를 외면하기 어려웠다. 바르셀로나전과 마찬가지로 상대 포백에

위협을 가하겠다는 의중을 가진 선택이었다. 오히려 선발이 아닌 교체 자원으로 내세웠다면 부상이 발생했을 경우의 대처가 더 어려워질 수 있기에 만약 그를 명단에 넣는다면 선발 카드로 쓰는 것이 보다 안정된 선택이었다.

결과적으로는 아예 쓰지 않는 편이 좋았던 상황이 됐다. 코스타의 이탈이 야기한 문제는 팀의 체력에 부담을 줬다는 점이다. 실제로 아틀레티코의 경기력이 흔들린 것은 후반 38분에 레프트백 필리페가 부상으로 교체된 직후부터였다. 레프트백 대체 자원이 부족한 아틀레티코는 센터백 토비 알데르바이럴트를 교체 투입했다. 이후 베일의 봉인이 해제됐다. 필리페의 밀착 방어를 벗어난 베일은 연장전 내내 종횡무진 활약을 펼치며 아틀레티코 수비를 초토화시켰다. 덩달아 수많은 공간이 나왔다.

이스코와 마르셀루를 투입하며 공격 자세를 취한 안첼로티 감독의 선택은 적절했지만, 사실 정규 시간 동안에는 두 선수의 가세에도 아틀레티코 수비가 크게 흔들리지 않았다. 동점골 허용 직후 심리적으로 무너진 아틀레티코는 필리페까지 빠지면서 수비력이 크게 둔화되었다. 아틀레티코는 코파델레이 준결승에서 열린 마드리드 더비에서도 대량 실점을 허용했다. 당시에는 필리페가 뛰지 못해 측면 수비에 문제를 보였다.

미드필더 라모스

M I D F I E L D E R

레알마드리드는 디에고 시메오네 감독 부임 이후 마드리드 더비에서의 절대적 우위를 잃었다. 챔피언스리그 결승전 승리를 제외하면 라리가와 코파델레이에서는 오히려 상대 전적 열세를 보이기도 해다. 2014-15시즌에 무려 4개 대회에서 만나 8번 격돌한 레알은 7경기 연속으로 이기지 못했다. 마침내 마드리드 더비에서 웃었다. 마지막 경기에서 승리하며 악몽을 깨끗이 잊을 수 있었다. 지난 2013-14시즌에도 마지막 대결이었던 UEFA챔피언스리그 결승전에서 아틀레티코마드리드를 제압한 레알은 올 시즌에도 아틀레티코의 유럽 정상을 향한 꿈을 좌절시켰다. 그리고 그 중심에는 또 한번 '캡틴' 라모스가 있었다.

그동안 마드리드 더비의 양상은 화려한 기술을 갖춘 레알을 끈끈한 조직력을 갖춘 아틀레티코가 '혼신'을 다해 막아내며 역습으로 제압하는 것이었다. 흐름이 바뀐 것은 2015-2016시즌이다. 2월 비센테칼데론에서 아틀레티코는 레알에 4-0 대승을 거뒀고, 마드리드 축구의 헤게모니가 남부 지역으로 넘어가는 것처럼 보였다. UCL 8강 1차전 경기까지 7차례 마드리드 더비에서 이기지 못한 레알이 다시 승리를 거둔 비결도 기술이 아닌 '혼신'이었다. 공수 양면에 걸쳐 전력 누수가 컸던 레알은 절체절명의 순간 원팀으로 기능하는 데 성공했다. 마드리드 더비 패배 이후 선수단을 향해 노골적인 실망감을 표했던 베르나베우의 팬들은 경기 당일 "오늘 우리는 영혼을 걸었다. 너희들은 그라운드, 우리들은 관중석에서. 마드리드 만세. 그 외엔 아무 것도 없다"는 현수막을 내걸고 총력 응원전에 나섰다. 팬들의 절대적 지지를 등에 업은 레알은 정규 시간 종료 2분 전에 결승골을 뽑아내며 승자가 될 수 있었다.

라모스의 미드필더 출격, 효과 본 이유

2014-15시즌 여덟 번째 마드리드 더비의 전술적 쟁점은 수비수 세르히오 라모스의 전진 배치다. 카를로 안첼로티 레알 감독이 라모스는 미드필더로 기용한 것은 2013년 10월 26일 자신의 첫 번째 엘클라시코 이후 두 번째다. 라모스는 FC바르셀로나를 상대로 포백의 보호자 역할을 맡아 출전했다. 당시 선수단 내 주력 미드필더 사비 알론소의 이탈 상황에서 택한 변칙 전략이었다. 결과는 실패였다. 바르사는 중앙이 아닌 측면을 집중 공략했고, 라모스는 포백 앞에서 표류했다. 동료와의 협력 수비도 어려웠고, 바르사 미드필더와 직접 부딪힐 일도 거의 없었다. 그라운드 위에서 잉여자원이 됐다. 케디라, 모드리치와 미드필드에 섰던 라모스는 결국 후반 11분 만에 교체 되어 필드를 떠났다. 안첼로티 감독은 그 이후 라모스의 포지션 변경을 시도하지 않았다.

라모스를 그렇게 기용하고서 난 거의 죽을 뻔했어요.
그러나 난 아직도 계속 일을 하고 있습니다.　　　　　　　　　　　　　　　　**카를로 안첼로티**

아틀레티코전의 역할은 이때와 전혀 달랐다. 포백의 보호자가 아니라 토니 크로스의 보조자 역할이었다. 포백 앞에 크로스가 자리잡고 볼을 배급했다. 라모스는 그 오른쪽에서 보다 수비적인 임무를 많이 수행하며 부지런히 뛰었다. 특히 전체적으로 라인을 뒤로 내린 아틀레티코의 전방 공격수 마리오 만주키치를 마크하며 공중볼 경합시에도 적극적으로 부딪혔다.

레알은 4-4-2와 4-3-3을 혼용하며 플레이했는데, 라모스는 크로스의 짝으로 서거나, 이스코, 크로스와 미드필더로 자리했다. 이스코가 보다 전진하고, 크로스가 패스 연결의 중심 역할을 했다. 라모스는 수비 1차 저지선 역할은 물론 다니 카르바할이 부담 없이 오버래핑을 시도할 수 있도록 측면 배후 수비까지 커버하며 궂은 일을 했다. 라모스는 공격 상황에 때로는 적극적으로 문전까지 달려 들어가 헤딩 슈팅을 시도하기도 했다.

레알의 벤치에는 전문 미드필더 요원인 자미 케디라와 아시에르 이야라멘디가 대기하고 있었다. 케디라 역시 중원에서 활동력이 뛰어나고, 이야라멘디는 볼 관리 능력이 뛰어난 미드필더다. 루카 모드리치의 부상 공백을 수비수 라모스로 메운 것은 터프한 아틀레티코를 상대로 정신적으로나 피지컬적으로 대응하기 위한 선택이었다. 카르바할이 공격 가담시 미드필더 못지 않은 연계 능력을 보이는 점도 라모스를 과감하게 투입할 수 있는 또 다른 이유였다. 또한, 라모스는 팀의 부주장으로 정신적 지주 역할을 한다. 선수단이 심리적으로 흔들릴 때 중심을 잡아주고, 상대팀과의 기 싸움에도 앞장선다. 라모스는 전술적으로나 정신적으로 모두 레알의 승리를 위해 꼭 필요한 카드다.

사실 레알이 세 명의 수비수를 선발 출진시킬 것이라는 계획은 사전에 스페인 언론을 통해 노출되었다. 그러나 많은 이들은 주제 무리뉴 전임 감독이 시도한 것처럼 페페를 전진 배치할 것으로 예상했다. 실제로 UEFA 역시 경기 선발 명단에서 페페를 미드필더로, 라모스를 센터백으로 표시했다.

페페 대신 라모스가 전방에 선 것은 수비적으로 페페와 바란이 배후에 서는 쪽이 더 안정적이었기 때문이기도 하다. 라모스는 도전적인 수비에 능하지만, 정작 문전 혼전 상황이나 세트피스 상황에서는 상대 공격수를 놓치는 장면이 적지 않았다. 이날은 앞에서 수비를 해주면서 수비적으로 더 견고했다. 볼이나 사람을 놓치더라도 페페와 바란이 커버할 수 있는 여유가 있었다. 라모스의 전진 배치는 바르사를 상대로 한 2년 전의 첫 번째 시도 당시의 문제점을 보완한, 안첼로티 감독의 매우 적절한 노림수가 됐다.

바르사전을 생각했어요. 또 한번 라모스의 미드필더 기용이 날 죽일 수 있다는 생각도 들었죠.
하지만 나는 여전히 살아있습니다. 라모스가 아주 잘했고, 팀을 위해 헌신해줬어요.
그 자리에서 팀을 위해 공헌할 수 있다는 것을 증명해줬습니다.

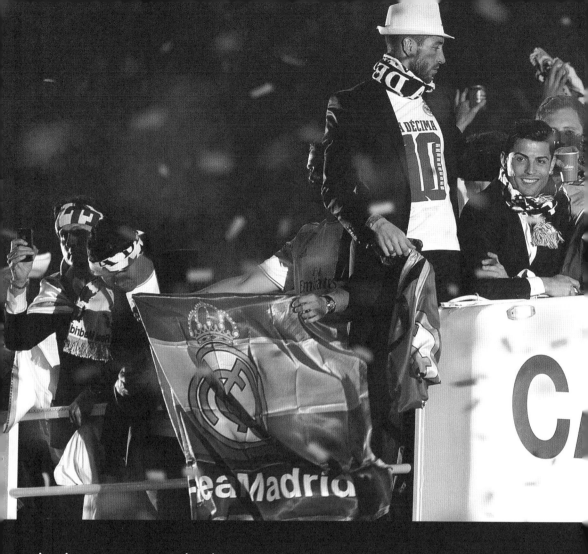

기술이 아닌 심장으로 아틀레티코를 잡았다

아틀레티코전에 레알의 경기에서 눈에 띄는 기록은 패스 성공률이다. 레알은 총 518회의 패스 중 480회를 성공시켰고, 이는 93%에 달하는 높은 성공률이다. 이는 레알이 그 시즌 평균적으로 기록한 90%를 넘는 기록이며, 시즌 최고 기록이다. 패스 플레이의 중심이라 할 수 있는 벤제마와 모드리치가 없는 상황이라는 점까지 생각하면 이날 선수단이 패스 연결 과정에서 매우 높은 집중력을 보였다는 것을 알 수 있다.

또 하나는 90분 동안 선수 교체 없이 경기를 진행한 점이다. 87분까지 0-0의 팽팽한 흐름이 이어졌다. 아틀레티코는 90분 안에 3명의 선수를 모두 교체하며 변화를 모색했다. 레알의 경우 90분 동안 단 한 명도 바꾸지 않고 싸웠다.

레알은 왜 교체 카드를 꺼내지 않았을까? 연장전에 대해 고려를 했을 수 있다. 경기 양상을 주도하고 있던 점, 부상 및 징계로 이탈한 선수가 많아 벤치 명단에 주전급 선수가 없기도 했다. 어떤 이유였는가를 떠나 주목할 점은 체력적으로 힘든 일정이자 경기였음에도 선발 11명의 선수들이 90분 내내 흐트러짐 없이 경기를 했다는 사실이다. 레알은 결승골 득점 후 후반 추가 시간에 세 장의 교체 카드를 모두 사용하며 아틀레티코를 심리적으로 더 쫓기게 만들었다. 매우 영리한 교체 카드 운영이었다.

선수 개개인의 기량이나 이름값 몸값에서 화려한 쪽은 늘 레알이었다. 그러나 이번에는 기술이나 명성이 아닌 심장으로 아틀

레티코를 잡았다. 90분간의 끈끈함과 집중력은 간절함이 낳은 정신력의 발현이었다. 벤치 설움을 겪은 치차리토의 결승골 역시 마찬가지다. 이날 레알은 아틀레티코보다 승리와 골에 더 간절한 팀이었다.

레알은 이 간절함이 조급함이 되어 평정심을 잃는 모습을 보이지 않았다. 거친 몸싸움과 민감한 판정 상황에도 페페와 라모스, 호날두 모두 침착했다. 반면 만주키치와 아르다 튀란은 경기 내내 흥분했다. 튀란은 결국 후반 막판 퇴장 당해 숫적 열세를 야기했다. 교체 투입된 선수들도 제 몫을 못했다. 후반 41분 투입된 히메네스는 실점 상황에서 치차리토를 완전히 놓치며 투입 2분 만에 실점의 빌미가 됐다. 레알은 마드리드의 주인이 여전히 자신들이라는 점을 UCL 무대를 통해 다시금 전 세계에 알렸다. 아틀레티코전 승리는 안첼로티 감독에게도 감회가 남다를 수 밖에 없었다.

**시즌의 열쇠가 되는 경기였습니다. 모든 경기가 시험과 같아요. 이번 시험은 잘 치렀지만,
또 다른 시험을 치러야 합니다. 우리는 늘 그랬어요. 내 개인적인 명예를 회복할 것은 없습니다.
레알은 계속해서 경쟁할 것입니다. 오늘처럼 한다면 문제 없을 겁니다.**

04

챔피언스리그,
3연속 우승

"만약 당신이 경기가 있는 날 산티아고베르나베우 경기장 근처를 걷고 있다면,
레알의 주장의 이름에 등번호 93번이 새겨진 유니폼을 입은 팬들을 심심치 않게
목격할 수 있을 겁니다. 라모스가 레알마드리드에서 달고 뛰는 등번호 4번이
아니죠. 그가 리스본에서 아틀레티코와 치른 챔피언스리그 결승전에서 동점골을
기록한 시간을 새긴 겁니다. 2014년 5월 24일, 라모스는 레알의 역사가 됐어요.
하지만 3년 만에, 그 전설은 더욱 더 위대해졌습니다." _미겔 앙헬 디아스

레알마드리드 팬들은 세르히오가 그라운드에 있으면 안심한다. 또 다시 그가
잊을 수 없는 헤더를 성공해낼 것이라는 기대를 강하게 갖는다. 공이 정지된 상황이
오면, 마치 종교적인 의식처럼 라모스가 상대팀 문전의 핵심 지역에 등장한다.
시계는 절망적인 속도로 흐르고, 긴장이 팽배한 순간. 불안이 모든 선수들의 얼굴에
엄습할 때, '라모스 모멘트'가 찾아온다.

"전 그 시간이 되면 편안해요. 집에 있는 것 같은 기분이 들죠. 특별한 압박감을
느끼지 않아요. 아마 그게 레알마드리드의 DNA가 아닐까 생각합니다. 이 팀에서는
마지막까지 싸우는 법을 배워요." _세르히오 라모스

1992년 여름, 유러피언컵이 UEFA 챔피언스리그로 개편된 이후 어느 팀도 타이틀

방어에 성공하지 못했다. 대회 규모가 커졌고, 축구 중계권을 세계적 성장과 확장 속에 월드컵에 버금가는 상업적 인기와, 월드컵을 능가하는 경기 수준을 자랑한 '세계 최고의 축구 대회'에서 우승하는 것은 그만큼 어려운 일이 됐다.

역사상 가장 위대한 팀으로 꼽혔던 팀들도 UEFA 챔피언스리그 우승 이후에는 신기할 정도로 비슷한 패턴을 보이며 무너진다. 우승 직후 시즌 전반기까지는 강력한 모습을 보이다가 후반기 일정이 시작되는 이듬해 초반 일정부터 흔들리기 시작한다. 챔피언스리그 타이틀뿐 아니라 자국 리그 타이틀을 놓치는 경우도 발생한다. 여기에는 일정의 문제와 심리의 문제가 동시에 겹쳐진다. 우선 챔피언스리그에서 우승한 팀은 해당 시즌의 마지막 경기 일까지 소화한다. 5월 말 내지 6월 초까지 시즌을 치른 뒤 다른 팀들보다 늦게 휴가에 돌입한다.

챔피언스리그에서 우승한 여름 기간에 월드컵이나 유로, 코파 아메리카 등 국가대표 메이저 대회가 있다면 더더욱 선수들의 피로는 가중된다. 메이저 대회를 치른 뒤 짧은 휴가를 보내고 소속 팀으로 돌아오면 신체적으로나 정신적으로 모두 번아웃을 경험하게 된다.

일정상 겪을 수 있는 또 다른 문제는 12월께 FIFA 클럽 월드컵에 유럽 챔피언 자격으로 참가해 우승 다음 시즌에도 치러야할 경기가 늘어난다는 점이다. 유럽 챔피언의 경우 시드 배정으로 준결승전부터 출전해 결승전까지 최대 두 경기만 소화하지만, 장거리 이동, 시즌 중 이동 후 큰 경기를 치러야 한다는 점에서 신체적, 정신적 피로는 같다. 클럽 월드컵 경기를 치르며 자국 리그 경기가 연기되기 때문에 주중 경기도 늘어난다. 일주일을 온전히 쉬면서 시즌을 치르기 어려워진다.

유럽 챔피언은 클럽월드컵 우승을 차지하는 경우도 많다. 추춘제로 운영되는 유럽 리그 시즌 기준으로 중반부에 우승을 차지하는 것은 선수들에게 우승으로 한 시즌이 마무리된 것과 같은 정신적 해방감을 준다. 이후 경기 일정에 신체적으로는 물론 정신적으로도 동기부여가 약화되는 영향을 미친다. 자국 리그와 FA컵, 챔피언스리그 우승을 석권하며 압도적 시즌을 보낸 트레블을 21세기 들어 두 번이나 달성한 FC 바르셀로나와 바이에른뮌헨도 이러한 구조적 문제를 극복하지 못하고 2회 연속 빅이어를 드는 일은 실패했다.

라데시마를 이룬 레알마드리드도 마찬가지였다.

2013-14시즌 통산 열 번째 우승을 달성한 뒤 2014-15시즌에는 바르셀로나가 트레블을 달성하면서 빈손으로 시즌을 마쳤다. 2014-15시즌 레알마드리드는 크리스티아누 호날두가 무려 한 시즌 48골을 몰아쳤고, UEFA 슈퍼컵과 클럽 월드컵 우승했으나 수페르 코파 데 에스파냐 준우승을 시작으로 라리가 준우승, 코파델레이 16강 탈락으로 자국 무대 무관에 그쳤다.

아틀레티코마드리드는 코파델레이에서 레알마드리드를 탈락시키며 전 시즌 챔피언스리그 결승전 패배를 설욕했다. 챔피언스리그에서는 준결승전에서 유벤투스에 1무 1패로 뒤져 변명 없는 탈락을 당했다.

라리가에서는 아틀레티코마드리드와 두 차례 대결에서 모두 패했고, 원정에서 0-4 완패를 당하기도 했다. 후반기 엘클라시코에서도 1-2로 졌다. 그로 인해 라데시마를 이룬 이탈리아 출신 명장 카를로 안첼로티 감독의 입지가 흔들리기 시작했다. 안첼로티 감독은 시즌 종료 후 물러났고, 라파 베니테스 감독이 2015-16시즌 부임했다. 젊은 선수들과 성공에 갈망을 가진 선수들을 전술적으로 치밀하게 조련해 성과를 내는 베니테스 감독은 레알마드리드 2군 감독 출신인 '마드리디스타'였으나 반년 만에 경질됐다. 레알마드리드의 화려한 선수들로 수비 균형에 집중한 축구를 추구한 것도 스페인 언론의 호감을 사지 못한 이유 중 하나였다. 중요한 경기에서 패배한 것도 문제였다. 스타일을 포기했는데, 결과도 좋지 않다면 신뢰를 잃을 수 밖에 없다.

"레알마드리드는 수비적인 팀이다. 뒤러 물러서서 신중한 경기를 한다. 수비적으로 단단한 팀이다. 하지만 공격적으로는 문제가 있다." 레알의 전임자인 카를로 안첼로티 감독 역시 레키프와 가진 인터뷰에서 현재의 레알에 대해 이렇게 진단했다.

"레알은 화려함을 잃었고, 견고함을 얻었습니다. 골을 넣는 일이 훨씬 더 어렵죠. 베니테스의 축구는 공격 보다는 팀을 탄탄하게 만드는 것을 더 중시해요. 그리고 이런 축구는 대다수의 레알 팬들에게 포만감을 주지 못합니다. 아직 시즌이 개막한 지 얼마 되지 않았음에도, 팬들은 레알이 펼치는 경기에 지루함을 느끼고 있어요." _미겔 앙헬 디아스

축구 선수들이 변덕이 심한 특별한 집단이라면,

레알 선수단은 그 이상이다. 감독에겐 부정적인 부분이다. 축구에 대해 자신만의 의견과 방향성이 머리 속에 잔뜩 들어있는 선수들을 훈련시키는 것은 감독에게 힘겨운 일이다. 베니테스는 훈련장에서 종종 진행하던 훈련을 멈추고 몇몇 선수들을 불러 자신이 원치 않는 움직임을 하는 것에 대해 즉각적으로 시정 명령을 내리는 편이다. 이는 프로 선수들이 달가워하지 않는 행동이다. 세심함과 근면함이라는 요소는 베니테스가 레알의 감독으로서는 극복하기 아주 어려운 문제다.

축구계에서 문제는 그저 시간이 흐른다고 해결해주지 않는다. 시간이 지난다고 모든 게 해결되지 않는다는 얘기다. 델보스케나 안첼로티와 같은 타고난 마에스트로는 '허리띠'

와 '왼손'을 갖고 있다. 스페인에서 허리띠는 다른 사람의 행실을 바로 잡을 수 있는 교정 능력을 뜻하고, 왼손은 난국을 타계할 수 있는 명민한 책략을 뜻한다. 축구 선수들이 감독을 바라보며 존경심과 믿음을 갖는다. 간결하지만 완벽하고 명확한 지시를 내려주기를 기대한다. 이론을 장황하게 늘어 놓는 지시는 지루하게 여기고, 금방 잊어 버리고 만다.

베니테스 감독을 선임 첫 시즌에 중도 경질한 레알마드리드가 택한 새 감독은 레알 2군 팀 카스티야를 이끌며 지도자 경력을 막 시작한 레알마드리드의 레전드 지네딘 지단이었다. 베니테스와 달리 그가 선수로 보여준 황홀한 플레이와 커리어, 안첼로티 감독의 코치로 함께 보낸

만들었다. '라데시마'를 화려하게 장식했다. 다시 치른 연장전에서는 연장전에 골이 나지 않았다. 두 팀 모두 지쳤다. 실리적으로 경기를 운영했다. 2016년 유럽 축구 챔피언은 승부차기로 결정됐다. 레알이 열 한 번째로 빅이어를 들었다. 아틀레티코에게 챔피언스리그 우승은 여전히 미완의 목표로 남았다.

라모스는 아틀레티코와 결승전에서 전반 15분 만에 선제골을 넣으며 아틀레티코의 트라우마가 됐다. 승부차기 네 번째 키커로 깔끔하게 슈팅을 성공시켜 과거 바이에른을 상대로 실축했던 자신의 트라우마는 이겨냈다. 지단 감독은 전 시즌 안첼로티 감독의 경질을 야기한 라리가 내 라이벌 아틀레티코와 바르셀로나를 모두 제압하며 놀라운 데뷔 시즌을 보냈다.

2009년 플로렌티노 페레스 회장이 갈락티코 2기를 구성한 이후 레알의 새 감독들에게 엘클라시코 데뷔전은 악몽이었다. 마누엘 펠레그리니, 주제 무리뉴, 카를로 안첼로티, 라파 베니테스 모두 패배를 겪었다. 무리뉴 감독은 0-5, 베니테스 감독은 0-4의 참패를 당했다. 지단 감독은 저주 같은 사슬을 끊었다.

지단 감독이 거둔 승리는 '독창성'보다 '배움'에 있다. 베니테스 감독의 실패를 반면교사로 삼았다. 맞불 작전의 위험성을 깨달았다. 지단 감독은 2월 말 아틀레티코마드리드와의 경기에서 패배한 뒤 카세미루를 선발 명단에 복귀시켰다. 포백을 보호하고 루카 모드리치와 토니 크로스의 수비 불안을 커버했다. 베니테스 감독이 잘 활용하던 전술이다. 아틀레티코전 무승부 이후 이어진 야유 뒤로 포기한 전략을 불러들였다.

지단이 첫 엘클라시코에서 구축한 레알은 수비적으로 무리뉴의 팀을 연상케 했다. 크리스티아누 호날두와 가레스 베일이 이토록 깊숙이 내려와 수비에 가담한 것은 무리뉴 감독 시절의 엘클라시코 이후 처음 있는 일이다. 호날두와 베일은 풀백의 위치까지 내려와 바르사 공격을 방어했다. 안첼로티, 무리뉴, 베니테스 감독을 가까이서 지켜보면서, 지단 감독은 이들의 장점만 흡수했다. 본질은 측면 수비 강화 보다 중앙 공간을 없애는 것이다. 둘이 측면 수비를 커버해주면서 본래 풀백인 다니 카르바할과 마르셀루가 페널티 에어리어 안의 위험 지역으로 들어왔다. 여기에 카세미루까지 버텨 주면서 바르사가 자랑한 MSN(메시-수아레스-네이마르) 트리오가 전방과 2선 공간에서 힘을 쓰지 못했다.

시간 등으로 인해 선수단의 존경심과 친밀감을 곧바로 얻을 수 있는 최적의 인물이었다.

공교롭게도 지단 감독 체제의 레알이 3연속 우승의 서막을 연 2016년 결승전의 상대는 2014년 라데시마 달성 당시의 적수 아틀레티코였다. 2년 만에 마드리드 더비로 펼쳐진 UEFA 챔피언스리그 결승전. 이번에도 승부는 90분 안에 가려지지 않았다. 전개 과정은 달랐다. 2014년 리스본에서는 아틀레티코가 선제골을 넣고 앞서 가다 후반 종료 직전 동점골을 내줬다. 밀라노에서는 레알이 선제골을 얻었으나 후반 종료 10여분을 남기고 동점골을 허용했다. 연장전 전개 상황은 판이하게 달랐다. 2년 전의 연장전은 레알의 잔치였다. 3골을 몰아치며 결과를 4-1 대승으로

스페인 대표팀에서는 퇴장과 인연이 없던 라모스는
레알 공격진의 뒤를 커버하는 데 분주히 싸워야 했다.
라모스는 2015-16시즌 무려 10개의 경고와 두 번의 경고
누적 퇴장을 당하는 등 자주 징계를 받았다. 라모스는
라리가 역사상 가장 많은 퇴장을 당한 선수이지만,
비신사적이고, 난폭한 선수라는 오명을 갖고 있지는 않다.
그는 팀을 지키기 위해 싸웠고, 팀을 위해 퇴장했다.
레알마드리드가 2016-17시즌에도 챔피언스리그 우승을
이룬 과정에 특기할 사항 중 하나는 그해 여름
국제축구연맹으로부터 영입 금지 징계를 받아 전력 보강이
불가능했다는 것이다. 기존 멤버의 결속력을 강화했고,
지단 감독이 첫 풀 시즌을 맞아 프리시즌부터 새로 팀을
구축할 시간을 처음 얻었다. 지단 감독은 2016-17시즌
균형적인 로테이션을 가동했다. 몇몇 주전 선수들이
시작부터 부상자 명단에 오르기도 했지만, 팀이 한 두 명의
주축 선수에 의해 좌우되는 일을 막고자 한 것이다.
지단 감독은 그 자신이 선수 시절 최고의 스타였다.
일각에서는 지단 감독이 부임하면서 통제하기 어려운 스타
선수들의 마음을 잘 다독일 수 있을 것을 기대했다. 그것도
사실이다. 지단 감독은 레알의 훈련장 분위기를 어느 때보다
편하게 만들면서 선수들이 즐길 수 있게 해줬다.
그러나 더 중요한 것은 스타 선수과 나머지 선수들 사이의
심리적 간극을 어떻게 메워야 하는 잘 알고 있었다는
점이다.

선수 지네딘 지단은 마르세유턴으로 대표되는 현란한
기술의 주인공이었지만, 중원에서 팀 전체 플레이를
지휘하는 마에스트로였다. 솔로 플레이에도 강하지만 동료
선수들을 활용하고, 협업하는 과정에서 더 빛난 미드필드
스타다. 지단은 감독이 되기 전 수많은 명장과 직접 일했고,
과르디올라 감독을 찾아가 면담을 나누기도 했던 지단은
기본적으로 소유와 패스라는 현대 축구의 트렌드를
따르지만, 안첼로티 감독과 마찬가지로 선수의 개별
스타일을 존중하고, 자신의 철학을 고집하기 보다
능동적으로 문제에 대처하는 유연성을 갖췄다.
이미 개인 기술이 완성된 최고의 기술자들을 보유한 지단
감독은 레알 부임 후 처음 맞은 여름 프리시즌 기간
4-4-2 블록을 중심으로 한 수비 전술을 다듬는데 주력했다.
체력 전문가 안토니오 핀투스 코치를 영입해 선수들이
최상의 몸상태를 유지하는데 공을 들였다. 겨울 휴식

기간에도 선수들의 컨디션 관리는 전적으로 핀투스 코치에
일임했다. 지단은 25인 스쿼드 중 22명의 선수에게 리그전
출전 기회를 줬다.
플로렌티노 페레스 레알 회장은 "레알의 역사를 바꾸고
있다"고 지단을 치하했다. 지단 감독이 레알 1군지휘봉을
잡았을 때, 선수 시절의 화려한 경력으로 무임승차한 것이
아니냐는 지적도 있었다. 스타 선수 출신 감독은
요한 크루이프처럼 대성한 경우보다 디에고 마라도나처럼
처참하게 실패한 경우가 많다. 지단 감독은 전자의 길을
걷고 있다. 호날두는 "지단을 그동안 선수로 존경해왔는데,
지금은 감독으로 존경하고 있다"고 했다.
라모스도 지단은 "느낌이 있다"며 특별한 지도자라고
치켜세웠다. 선수 지단을 지도한 바 있으며, 레알 감독 시절
지단을 코치로 대동했던 안첼로티 감독은 "지단은 지금
자리에 오기 위해 엄청난 공부를 했다"고 했다.
비센테 델보스케 전 스페인 대표팀 감독은 "운이 좋다며
누군가의 노력을 깎아 내리는 사람들이 있다. 지단은
과소 평가 받고 있다"고 적극적으로 지지하기도 했다.
지단의 레알마드리드는 2015-16시즌부터 2016-17시즌
중반까지 공식전 40연속 무패의 대기록을 세웠다. 무패
행진은 결국 끝났지만 레알은 2016-17시즌 챔피언스리그
결승전이 열린 우크라이나 키예프에서 유벤투스를 꺾고
누구도 이루지 못한 챔피언스리그 연속 우승에 성공했다.
"레알마드리드는 이 대회 결승전 경험이 가장 많은
팀입니다." 레알의 주장 세르히오 라모스는 결승전 하루 전
기자회견에서 역사를 이야기했고, 새로운 역사의 주인공이
됐다. 5년 만의 라리가 우승으로 라모스는 또 하나의
메이저 타이틀을 주장으로 들어올렸다.
지단의 레알마드리드는 거침없이 2017-18시즌까지
챔피언스리그 3연속 우승을 이뤘다. 라리가에서는
바르셀로나에 승점 17점이나 뒤집 3위에 그쳤고,
코파델레이 8강전에선 레가네스전 패배로 탈락하는 충격을
겪었다. 챔피언스리그 조별리그도 토트넘 홋스퍼에 이은
2위로 통과해 마침내 레알마드리드의 사이클도 끝나는 게
아니냐는 우려가 따랐으나 파리생제르맹, 유벤투스,
바이에른뮌헨을 차례로 무너트리고 웨일스 카디프에서
리버풀을 3-1로 꺾었다. 웨일스의 영웅 가레스 베일의
오버헤드킥을 포함한 멀티골로 레알마드리드는 통산 13번째
우승이라는 불멸의 기록을 남겼다.

"

경기에 차이를 만드는 것은 개인이지만,
저 개인적으로는 늘 팀으로 만들어내는 플레이를
더 좋아했습니다.

―――

지네딘 지단

유러피언컵 시대

레알마드리드

1955-56
1956-57
1957-58
1959-60

벤피카

1960-61
1961-62

인테르 밀란

1963-64
1964-65

아약스

1970-71
1971-72
1972-73

바이에른뮌헨

1973-74
1974-75
1975-76

리버풀

1976-77
1977-78

노팅엄 포레스트

1978-79
1979-80

AC 밀란

1988-89
1989-90

DYNASTY CLUBS

빅이어 트로피를 지켰던 역사적인 팀들

챔피언스리그 시대

레알마드리드

2015-16
2016-17
2017-18

역대 최다 우승 기록

준우승 ▼

팀	우승	준우승
레알마드리드 스페인	**13**	/3
AC 밀란 이탈리아	**7**	/4
바이에른뮌헨 독일	**6**	/5
리버풀 잉글랜드	**6**	/3
바르셀로나 스페인	**5**	/3
아약스 네덜란드	**4**	/2
맨체스터유나이티드 잉글랜드	**3**	/2
인테르 밀란 이탈리아	**3**	/2
유벤투스 이탈리아	**2**	/7
벤피카 포르투갈	**2**	/5

챔피언스리그 역대 최다 출전

*2021년 12월 기준

크리스티아누 호날두 **181** *2003-*

맨체스터유나이티드 *57* 레알마드리드 *101* 유벤투스 *23*

이케르 카시야스 **177** *1999-2019*

레알마드리드 *150* 포르투 *27*

리오넬 메시 **154** *2005-*

바르셀로나 *149* 파리생제르맹 *5*

차비 에르난데스 **151** *1998-2015*

바르셀로나 *151*

라울 곤살레스 **142** *1995-2011*

레알마드리드 *130* 살케04 *12*

라이언 긱스 **141** *1993-2014*

맨체스터유나이티드 *141*

카림 벤제마 **135** *2005-*

리옹 *19* 레알마드리드 *116*

안드레스 이니에스타 **130** *2002-2018*

바르셀로나 *130*

토마스 뮐러 **130** *2009-*

바이에른뮌헨 *130*

세르히오 라모스 **129** *2005-*

레알마드리드 *129*

오해와 진실:

세르히오 라모스는 카드를 수집하는 난폭한 수비수인가?!

라모스는 스페인 라리가 역사상 가장 많이 퇴장당한 선수라는 불명예 기록의 주인공이다. 하지만 라모스가 많은 퇴장을 당한 이유 중 하나는 그가 매우 오랜 기간 라리가에서 활동했기 때문이기도 하다. 실제로 라리가 통산 최다 퇴장 상위 5위권에 있는 선수 중 라모스가 유일하게 500경기 이상을 소화했다.

또 하나 의미있는 기록은 레드카드, 다이렉트 퇴장 기록으로 따지면 공동 10위에 불과하다는 점이다. 1990년대 사라고사, 메리다, 라싱산탄데르, 세비야 등에서 활동했던 스페인 센터백 파블로 알파로가 압도적으로 많은데, 무려 14회 다이렉트 퇴장을 당했다. 라모스의 라리가 통산 20회 퇴장 중 다이렉트 퇴장은 6차례뿐이었다. 평균으로 환산하면 약 85경기에 1차례 정도 직접 퇴장을 당했을 뿐이다. 센터백과 풀백을 오가며 508경기를 소화한 출전 기록을 감안하면 결코 많지 않은 수치다.

레알마드리드 선수로 범위를 좁혀도 페르난도 이에로가 9회의 다이렉트 퇴장, 우고 산체스가 라리가 통산 8번의 다이렉트 퇴장 중 7차례를 레알마드리드 소속으로 기록했다. 라모스는 대개 경기 중 두 번의 경고를 받아 퇴장당했다는 점에서 통산 기록이 보여주는 것처럼 '난폭한' 수비로 퇴장이 잦았던 선수는 아니라고 할 수 있다. 또한 라모스는 스페인 대표 선수로 뛴 180회의 A매치 경기에서는 단 한 번도 퇴장 당한 적이 없다. 그의 '퇴장' 이미지는 어느 정도 오해에서 비롯된 것이라고 볼 수도 있는 대목이 된다.

LALIGA 라리가 역대 통산 퇴장 기록

선수	국적	경기수	경고	경고누적 퇴장	다이렉트 퇴장	총 퇴장
세르히오 **라모스**	스페인	**508**	**160**	**14**	**6**	**20**
파블로 **알파로**	스페인	**375**	**84**	**4**	**14**	**18**
후아니토	스페인	**314**	**59**	**7**	**9**	**16**
페르난도 **이에로**	스페인	**497**	**141**	**6**	**9**	**15**
알레르토 **로포**	스페인	**409**	**145**	**7**	**7**	**14**

720 경기
104 득점
41 도움
227 경고
19 누적 퇴장
8 다이렉트 퇴장 *세비야, 레알마드리드, PSG 포함 커리어 통산 기록

프로 커리어 퇴장 일지

라모스는 파리생제르맹 입단 후에도 리그앙 두 번째 경기 만에 퇴장을 당했다. 이로 인해 프로 통산 27번째 퇴장을 기록했다. 라모스가 퇴장을 자주 당한다는 이미지가 생긴 건 그가 유독 큰 경기에 자주 퇴장 당했기 때문이기도 하다. 27번의 퇴장 중 무려 5번의 퇴장을 바르셀로나와의 엘클라시코에서 당했다. 아틀레티코마드리드와 마드리드 더비에서도 두 차례 퇴장이 있었고, 레알마드리드 소속으로 당한 마지막 퇴장은 맨체스터시티와 챔피언스리그 16강전 경기라 임팩트가 컸다. 맨체스터시티전 퇴장은 라모스의 통산 네 번째 챔피언스리그 퇴장이었고, 이로 인해 에드가 다비즈, 즐라탄 이브라히모비치 등과 더불어 챔피언스리그 통산 최다 퇴장 공동 1위가 됐다. (물론 두 선수는 수비수가 아니며, 라모스보다 많은 경기에 출전하지도 않았다.)

2005-06 라리가 3회, 챔피언스리그 1회	*2005. 10. 19* UEFA 챔피언스리그 F조 3차전 올림피아코스(홈) 90+1분 경고2회 *2005. 9. 22* 라리가 2라운드 에스파뇰(원정) 68분 경고2회 *2005. 11. 27* 라리가 13라운드 레알소시에다드(원정) 74분 경고2회 *2006. 5. 7* 라리가 37라운드 비야레알(홈) 85분 퇴장
2006-07 라리가 1회	*2006. 10. 1* 라리가 5라운드 아틀레티코마드리드(홈) 64분 경고2회
2007-08 라리가 3회	*2007. 11. 3* 라리가 11라운드 세비야(원정) 51분 경고2회 *2008. 3. 1* 라리가 26라운드 레크레아티보(원정) 56분 경고2회 *2008. 4. 5* 라리가 31라운드 마요르카(원정) 66분 경고2회
2008-09 라리가 1회	*2008. 11. 8* 라리가 10라운드 말라가(홈) 44분 퇴장
2009-10 라리가 1회	*2009. 11. 7* 라리가 10라운드 아틀레티코마드리드(원정) 66분 퇴장
2010-11 라리가 1회, 챔피언스리그 1회	*2010. 11. 23* 챔피언스리그 G조 5차전 아약스(원정) 90+1분 경고2회 *2010. 11. 29* 라리가 13라운드 바르셀로나(원정) 90+2분 퇴장
2011-12 라리가 1회, 코파델레이 1회	*2012. 1. 25* 코파델레이 8강 2차전 바르셀로나(원정) 88분 경고2회 *2012. 3. 21* 라리가 29라운드 비야레알(원정) 85분 경고2회
2012-13 라리가 1회, 코파델레이 1회	*2013. 1. 9* 코파델레이 16강 2차전 셀타비고(홈) 82분 경고2회 *2013. 2. 17* 라리가 24라운드 라요바예카노(홈) 17분 경고2회
2013-14 라리가 2회, 챔피언스리그 1회	*2013. 11. 27* 챔피언스리그 B조 5차전 갈라타사라이(홈) 26분 퇴장 *2013. 12. 14* 라리가 16라운드 오사수나(원정) 44분 경고2회 *2014. 3. 23* 라리가 29라운드 바르셀로나(홈) 64분 퇴장
2014-15 퇴장 경기 없음	
2015-16 라리가 2회	*2016. 3. 13* 라리가 29라운드 라스팔마스(원정) 90+1분 경고2회 *2016. 4. 2* 라리가 31라운드 바르셀로나(원정) 83분 경고2회
2016-17 라리가 1회	*2017. 4. 23* 라리가 33라운드 바르셀로나(홈) 77분 퇴장
2017-18 라리가 2회	*2017. 8. 20* 라리가 1라운드 데포르티보라코루냐(원정) 90+2분 경고2회 *2017. 12. 2* 라리가 14라운드 아틀레틱클럽(원정) 86분 경고2회
2018-19 라리가 1회	*2019. 2. 17* 라리가 24라운드 지로나(홈) 90분 경고2회
2019-20 챔피언스리그 1회	*2020. 2. 26* 챔피언스리그 16강 1차전 맨체스터시티(홈) 86분 퇴장
2021-22 리그앙 1회	*2021. 12. 22* 리그앙 19라운드 로리앙(원정) 86분 경고2회

SERGIO RAMOS

05

레알마드리드의 캡틴

경기 입장을 준비하는 터널에서, 가장 늦게 당도한 세르히오 라모스는 도열한 선수 한 명 한 명을 격려하며 볼에 키스를 한다. 애정을 담아 팀에 모든 걸 쏟자고 동기부여한다. 아주 어린 나이부터 자신이 속한 모든 팀에서, 나이와 관계 없이 리더이자 주장으로 활약해온 라모스에겐 '리더십'이 뼈에 새겨져 있다. 경기 중 다양한 포지션을 소화할 수 있는 라모스는 축구가 개인이 아닌 팀 스포츠이며, 자신의 활약이 아닌 팀의 승리를 구성할 수 있는 캡틴이다.

캡틴 라모스의 영향력은 비단 경기장 안에서만 발휘되는 것이 아니다. 그는 동료들을 대표하는 역할을 경기장 밖, 회장단과의 미팅을 통해서도 해왔다. 뿐만 아니라 전성 시대를 연 스페인 대표팀이 레알마드리드와 바르셀로나의 라이벌 관계로 인해 와해되지 않도록 두 팀 사이의 적대감을 앞장 서서 중재한 핵심 선수이기도 했다. 그리고 라모스의 리더십이 발휘된 대표적인 사건은, 누구보다 강하게 팀 분위기를 휘어 잡으려고 한 주제 무리뉴 감독 재임 기간에 있었다. 다음은 당시 레알마드리드의 내부 상황을 직접 취재한 디아스 기자가 전해온 이야기다.

"라모스에 대해 거의 모든 것이 알려져 있습니다. 대외적으로, 경기장에서 그는 스페인 역사상 가장 중요한 축구 선수 중 한 명입니다. 그의 기록은 너무나 대단해 극소수만이 범접할 수 있습니다. 내부적으로는, 그는 대가를 크게

치를 수도있지만, 동료들을 위해 전면에 나서는 모범적인
주장이었습니다.

예를 들어, 2012-13 시즌, 무리뉴의 레알마드리드에서의
마지막 경기인 메수트 외질은 하프타임에 그의 감독으로부터
심한 질책을 당했습니다. 이 독일 출신 미드필더 외질의
친한 친구인 세르히오는 그를 격려하기 위한 아이디어를
생각해냈습니다. 라모스는 외질의 셔츠를 입고 다음 경기를
했는데, 이 사진은 마르카 사진 기자가 포착한 것입니다.
주장 라모스는 골을 넣지 못했지만, 득점했다면 친구의
셔츠가 보이도록 셔츠를 벗은 뒤 소명의 표시로 골을 그에게
바치겠다는 계획을 세웠습니다."

무리뉴는 그 에피소드가 마음에 들지 않았고 맨체스터시티
와의 경기에서 그를 벤치에 앉혔습니다. 여기에 무리뉴
감독과 과르디올라 감독이 벤치를 맡은 레알마드리드와
바르셀로나의 엘클라시코 전쟁도 양 팀 선수들의 긴장감을
높였습니다.

선장들은 긴장이 높아지면 라로하의 건강이 위험해진다는
것을 깨달았습니다. 라모스와 카시야스는 차비, 푸욜,
이니에스타, 그리고 일행에게 손을 내밀었고, 이는 무리뉴를
화나게 했습니다. 세르히오는 신경도 안 썼어요.

실제로 라모스가 레알마드리드의 주장이 된 것은 무리뉴
감독이 떠난 이후다. 라모스가 레알마드리드의 주장이 된
해는 이케르 카시야스가 FC 포르투로 이적한 2015년
여름이다. 그리고 이때도 레알마드리드 내에선 폭풍 같은
일이 벌어졌다.

회장과 주장의 진실게임, 레알 배신자는 누구?

2013-14시즌 레알마드리드가 꿈에 그리던 '라 데시마'
달성에 성공했을 때만해도 1년 뒤 이런 일이 벌어지리라고
는 상상도 하지 못했다. 1년 전 여름, 카를로 안첼로티
감독과 주장 이케르 카시야스, 부주장 세르히오 라모스는

레알 역사의 불멸의 영웅처럼 대접받았다. 향후 레알의 중심 기둥으로 오래오래 팀을 이끌 것으로 보였다. 그러나 1년 뒤 맞닥뜨린 현실은 '토사구팽'이었다.

안첼로티 감독은 사실상 경질되었고, 팀에 평생을 바친 카시야스는 쫓겨나가는 신세가 되었으며, 선수단의 정신적 지주 라모스는 극심한 감정 싸움 속에 이적을 고려했다. 레알 재건의 영웅으로 추앙받던 플로렌티노 페레스 회장이 라데시마의 영웅을 내치려는 진짜 이유는 무엇일까? 미겔 앙헬 디아스 기자가 사건의 진상을 독점적으로 소개한다. 레알마드리드 주장단에 대이동이 발생했다.

이케르 카시야스가 포르투로 충격적인 이적을 했다. 당시 세르히오 라모스도 이케르 카시야스와 함께 팀을 떠날 가능성이 제기됐었다. 라모스는 지난 시즌 경기에 나서기 전에 매번 이케르 카시야스의 볼에 입을 맞추며 그를 향한 경의를 표했다. 둘은 그런 사이다.

모든 징후가 레알마드리드 부동의 골키퍼가 올 여름 팀을 떠나리라는 사실을 가리키고 있었다. 당시 레알마드리드는 다비드 데헤아 영입을 원했다. 실제로 서류 발송 시간 문제로 무산되는 세기의 무산이 벌어지기도 했다. 맨체스터 유나이티드는 플로렌티노 페레스 회장에게 라모스를 올드트라포드로 보내주지 않으면 데헤아를 보내줄 수 없다고 했다. 결국 데헤아도 라모스도 팀에 남았지만, 카시야스는 레알마드리드를 떠났다.

페레스 회장은 왜 카시야스를 내쳤나

라데시마를 달성한 다음 날 카시야스와 그의 대리인은 페레스 회장과 만났다. 자신의 미래 거취에 대한 최고 결정권자에게서 직접 생각을 듣고자 했다. 회장은 신뢰를 전하며 편안하게 마음을 먹으라고 했다. 페레스 회장은 디에고 로페스가 밀란으로 떠나면서 베르나베우의 양분된 팬들의 논쟁이 종식되리라 희망했다. 로페스를 지지하던

팬들은 카시야스가 경기에 나서면 야유를 보냈다. 그런
취급을 받을 선수는 아니었다.
그러나 2014-15시즌을 맞아 일은 더 커졌다.
레알 집행부는 더 이상 해결책을 찾을 수 없다고 생각했다.
축구적 관점에서 카시야스의 경기력은 지난 시즌에 비해
떨어졌다. 삶의 법칙이다. 카시야스는 2년 계약이
더 남아있었고, 레알은 카시야스의 급여로 향후 2,300만
유로를 지출해야 하는 상황이었다. 페레스 회장은 이 금액을
지불하는 것보다는 올 여름 그를 떠나 보내는 쪽이 낫다고
여겼다. 하지만 레알에서 이룬 업적과 기존 계약 조항은
카시야스의 편이다. 카시야스는 25년 간 축구 인생 전부를
레알에 바쳤고, 그의 연봉은 매년 인상되었다.

양분된 팬심, 거액의 연봉, 떨어진 경기력

여름 휴가를 떠나기 전에 페레스 회장의 오른팔인 호세 앙헬
산체스가 카시야스와 면담을 가졌다. 산체스는 레알이
카시야스를 중요하게 여기고 있다고 말하면서도 또 다른
최고 수준의 골키퍼를 영입할 계획을 갖고 있다고 알렸다.
이는 신뢰의 메시지로 읽을 수 있고, 팀을 떠나라는 권유로
해석될 수 있었다. 카시야스는 후자였다. 이적을 해야 한다고
생각했다. 만약 데헤아가 온다면 이적할 작정이었다.
카시야스는 경쟁을 두려워하는 선수가 아니지만, 레알이
거액을 투자한 선수를 벤치에 앉혀 두는 경우는 없다.
유로 2016 대회 참가를 바라보고 있던 카시야스는 경기
감각 유지를 위해 레알을 떠나기로 했다.
오직 두 가지 조건 많이 카시야스의 이적을 막을 수 있다.
축구적 야심을 충족시킬만한 팀의 제안이 없거나,
기존 계약보다 큰 차이로 연봉이 줄어든다면 남을 수
밖에 없다. 레알은 새로운 팀의 이적 제안이 올 경우 연봉
감소에 상응하는 차액을 보상해줄 용의가 있을 정도였다.

라모스의 문제, 액수 아닌 대우

라모스 이적설은 아주 위험한 방식으로 시작됐다.
라데시마를 이루고 난 뒤, 리스본에서 매우 결정적인 골을
넣고 나서 페레스 회장은 라모스의 계약 조건 향상을 굳게
약속했다. 회장은 2014-15시즌이 끝난 뒤로 문제 해결을
위한 약속을 정했다. 하지만 문제는 아직도 해결되지 않고
있다. 라모스는 두 시즌 계약이 남아있고, 클럽은 급하지

않은 상태다.

라모스는 자신이 가치를 인정받지 못하고 있다고 느꼈다. 당시 연봉 600만 유로를 받고 있던 라모스는 자신의 경기력에 비해 충분치 않은 액수로 여기고 있었다. 라모스는 다른 동료들이 자신에 비해 충분히 기대에 미치지 못하는 경기력을 보이면서도 더 높은 연봉을 받고 있는 상황에 대해 이해하지 못했다. 게다가 존 테리, 다비드 루이스, 치아구 시우바, 심지어 대표팀 동료인 피케마저도 자신보다 높은 연봉을 받고 있다는 사실에 짜증을 느꼈다.

게다가 레알 집행부가 자신이 오직 돈 문제로 계약을 미루는 '속물'인 것처럼 언론 플레이를 하고 있는 것에 대해서도 상처를 받았다. 심지어 레알에 대한 그의 애정에 대해서도 의심의 시선을 보내고 있는 것에 대해 용납하지 못하겠다는 입장이다. 라모스는 팬들 사이에 이런 메시지가 스며들 것을 두려워했다. 이미 지난 몇 시즌동안 카시야스에게 일어난 일이 미래의 자신에게도 벌어질 수 있다고 생각했다.

안첼로티 경질-팀 닥터 교체 요구...
선수단과 페레스 충돌 쟁점

라모스는 페레스 회장이 안첼로티 감독을 경질한 결정에도 실망했다. 페레스 회장은 선수단이 안첼로티 감독을 원한다는 것을 분명히 자각하고 있었다.

라모스가 라파 베니테스 감독을 원치 않는 것은 아니다. 그것은 잘못된 이야기다. 하지만 안첼로티 감독에 대한 처우가 공정하지 못했다고 생각했다.

선수들은 더불어 이사진에게 팀 의료진 책임자 교체를 요구했다. 팀닥터 올모스는 선수들과 좋은 관계가 아니었다. 하지만 페레스 회장은 이런 요청을 받아들이기는커녕 더 큰 권한을 줬다.

레알 클럽 차원에서는 어떤 일도 진행되지 않고 있다. 이적 제안을 듣겠다는 쪽은 라모스다. 이 일이 해결되지 않는다면 라모스는 레알 퇴단을 결정할 것이다. 지난 주말 라모스는 친구의 결혼식에 참석했고 자신을 향한 TV 카메라를 향해 "누구와도 협상하지 않았다"고 말했다. 레알에 계속 남을 것이냐는 질문에는 오직 미소로만 답했다. 의심을 남기고 불명확함이 공중에 떠다녔다.

주위에서 나오고 있는 보도를 보면 신선한 이적 자금을 쥔 맨유가 라모스 영입을 결정한 듯했다. 레알은 맨유가 벤제마와 바란의 영입을 요청했던 사실은 밝혀주었으나

라모스에 대해선 아니라고 했다. 레알은 라모스의 이적료로
1억 유로를 책정했다. 과도한 액수다. 하지만 7,000~8,000만
유로 이하의 가격으로 내보내기는 쉽지 않을 것이다.

맨유에겐 해결책이 있다. 라모스와 협상을 거절한다면 데헤아
협상도 거절하는 것이다. 라모스의 맨유행, 데헤아의 레알행이
무산된 배경이다. 라모스는 이 사태를 딛고 카시야스의 뒤를
이어 레알마드리드의 새로운 주장이 되었다.

2015-16시즌 라모스는 주장이 된 첫 시즌에 지네딘 지단
감독과 함께 챔피언스리그 우승 트로피를 들었다.

2016년과 2017년에 라모스는 주장으로 우승 트로피를 번쩍
들어올릴 기회가 참 많았다. UEFA 슈퍼컵과 FIFA 클럽 월드컵
우승에 이어 2016-17시즌 라리가 우승과 챔피언스리그 우승
등 더블을 갈성했다. 라리가에서 바르셀로나의 독주를 저지한
것은 챔피언스리그 2연속 우승과 더불어 탁월한 업적이었다.

2017-18시즌에는 팸피언스리그 3연속 우승뿐 아니라 UEFA
슈퍼컵, 수페르코파 데 에스파냐, FIFA 클럽 월드컵 등 4개
대회에서 트로피를 들었다. 호날두가 떠난 이후
2018-19시즌에는 FIFA 클럽 월드컵 우승이 유일한
전리품이었다.

2019-20시즌에는 수페르 코파 데 에스파냐 우승과 더불어
코로나19 팬데믹의 타격 속에 연기되었던 시즌 후반부에
경이로운 연승 행진으로 라리가 우승을 이뤘다. 팬데믹으로
인한 락다운 전 레반테 원정 0-1 패배, 베티스 원정 1-2 패배
등으로 흔들렸던 레알마드리드는 2020년 6월 14일 무관중
경기로 시즌 재개 후 에이바르에 3-1 승리를 거둔 것을
기점으로 발렌시아, 레알 소시에다드, 비야레알 등 강팀들을
포함한 10경기에서 모두 이겼고, 레가네스와 시즌 최종전
1-1 무승부로 11연속 무패의 기록을 세우며 바르셀로나를
승점 5점 차로 따돌리며 우승했다. 최종전 무승부도 이미
라리가 우승이 확정된 상황의 결과였다.

2020-21시즌에는 레알마드리드 주장을 맡은 이후 처음이자
마지막으로 무관 시즌을 보냈다. 구단과 재계약 협상으로
시즌 내내 어수선했고 부상 문제로 경기 출전도 입단 후
가장 적었다. 부상에서 돌아와 마지막으로 치른 첼시와
챔피언스리그 준결승전 경기도 온전치 못한 컨디션으로
레알의 패배를 막지 못했다.

레알마드리드를 떠난 이유

MIGUEL ÁNGEL DÍAZ

세비야 출신이지만 레알마드리드 역사에 불멸의 족적을 남긴 라모스는
누구도 부인할 수 없는 레전드다. 레알마드리드에서의 은퇴를 꿈꿨던 라모스가
2021년 여름 생각보다 아름답지 못한 이별을 하게 된 이유는 무엇일까?
레알마드리드를 떠나게 된 과정의 뒷 이야기를 미겔 앙헬 디아스 기자가 전한다.

라모스는 16시즌동안 레알마드리드에서 뛰었습니다. 클럽의 모든 기록을 보유하고 있죠.
수비수이기 때문에 최다 득점자 기록만 가질 수 없을 뿐입니다. 그럼에도 101골을
넣었지만요. 그는 레알마드리드 1군 팀에서 가장 오랜 시간을 소화한 선수이자,
팀에 남았다면 공식 경기 최다 출전 기록을 갖고 있는 선수가 될 수 있었을 것입니다.
과거 레알마드리드의 레전드를 돌아보면 이에로(잉글랜드에서 경력 마감), 라울 (독일),
카시야스(포르투갈), 구티(터키) 등 누구도 레알마드리드에서 오랜 시간을 보내고도
은퇴할 수 없었어요. 레알마드리드에서 은퇴한 마지막 레전드는 산치스로 2000년 대
초반의 일이죠.
대단한 기록을 세운 선수들이 오랜 시간을 보내고도 은퇴할 수 없었던 건 아쉬운
일입니다. 만약 라모스가 레알마드리드에서 은퇴한다면 디스테파노와 더불어
레알마드리드 역사상 가장 중요한 선수로 영감을 줄 수 있었을 겁니다. 라모스도
레알마드리드에서 은퇴하는 것에 대해 심사숙고했죠.
그러나 플로렌티노 회장은 누구와도 금액 협상을 하지 않는 사람입니다. 호날두의
경우를 봐도 세금 문제로 연봉 인상을 원했으나 결국 유벤투스로 이적을 허락했죠.
플로렌티노 회장은 선수의 개인적 야망을 받아들이지 않습니다. 라모스에게도 비슷한
일이 벌어진 것입니다. 라모스는 코로나 19 팬데믹으로 인해 마지막 반 년의 계약
기간동안 손해를 봤어요. 레알마드리드는 2019-20시즌 선수 임금 15%를 삭감했고,
2020-21시즌도 그렇게 했습니다. 페레스 회장이 라모스를 위해 우아한 행동을
하지는 않을 겁니다.
라모스는 재계약을 할 경우 현 연봉 1,700만 유로에서 더 상향되는 조건을 원했습니다.
레알마드리드는 30세 이상의 선수와는 1년씩만 재계약하는 불문율이 있죠. 라모스는
예외가 될 수 있는 선수입니다. 2년 계약에 1년 연장 옵션 조건이 거론되었죠. 하지만

그러러면 일단 기존에 받고 있던 1,700만 유로 연봉을 삭감해야 합니다. 팬데믹이 전 세계에 영향을 미치고 있는 상황에 어려운 일이죠. 레알마드리드는 2020-21시즌 예산이 전 시즌 대비 1억 7,000만 유로 가량 감소했고, 라모스는 당시보다 더 적은 연봉으로만 재계약해야 할 수 있었습니다.

레알마드리드에서 라모스보다 더 좋은 재계약 제안을 받을 자격이 있는 선수는 없죠. 그의 이력과 리더십, 권위, 우승 경력, 득점 기록은 의문의 여지가 없습니다. 만 34세라는 나이에도 누구보다도 재계약할 자격이 있어요. 라모스는 레알마드리드로부터 개선된 조건의 제안을 받고 싶지만 이루지 못했 습니다. 결국 레알마드리드보다 경제적으로 더 나은 상황에 있는 팀들이 관심을 보냈습니다. 그 중에 파리생제르맹이 있었죠.

라모스는 돈보다 레알마드리드에서의 우승과 특권을 선택하고자 했습니다. 레알마드리드는 30세 이상 선수와는 1년씩 계약하는 데 오래된 일입니다. 공정하지 않다는 생각이 들 수 있지만 페페는 2017년에 2년 계약을 제시 받지 못했고, 결국 포르투로 떠났죠. 포르투는 만 40세가 될 2023년 여름까지 계약을 보장해줬습니다. 분명 1년씩 계약하면 노장 선수들은 부상을 염려할 수 있습니다. 복귀하지 못할 수도 있으니까요. 라모스가 가치보다 돈을 택할 수도 있지만, 레알마드리드에 남겠다는 동기부여도 작지 않았습니다.

결국 모두가 무언가를 잃게 되었습니다. 조금 슬픈 마지막인데요. 적어도 세르히오 라모스와 플로렌티노 페레스 회장은 마지막 회견을 발데베바스에서 함께 했습니다. 하지만 레알마드리드 팬들에게는 슬픈 날이 아닐 수 없었죠. 클럽의 한 레전드를 잃게 되었으니 말입니다. 경기 수로는 네 번째로 많았고, 라 데시마의 주역이었으며, 16시즌을 소화하며 레알마드리드의 주장까지 맡은 선수였죠. 레알마드리드는 라모스와의 재계약을 위한 모든 노력을 하지 않았습니다. 제 생각에는 레알마드리드가 제시한 적은 금액의 오퍼는 라모스를 쳐내기 위한 명분이 아니었나 싶습니다. 아마 라모스가 구단의 계획에 포함되지 않았지만, 도의상 적어도 오퍼 정도는 제시해야 했죠. 루카 모드리치, 루카스 바스케스와 재계약을 한 상황에서 주장을 버리는 그림을 원하지는 않았던 것이죠. 제 생각에는 구단도 잃는 점이 많을 것입니다. 팀 락커룸에서도 큰 공허함이 있을 것입니다. 바이에른뮌헨의 다비드 알라바를 영입하긴 했지만

말입니다.

라모스가 그동안 구단에게 보여준 모습을 생각하면 예외적으로 그를 팀에 두어도 되었을 것이라고 생각합니다. 레알마드리드 사내 조항이 한 선수가 30살을 넘기면 1년 단위로 재계약을 하는 것이긴 하지만 만약 언젠가 그 조항에 예외를 둔다면 의심의 여지없이 세르히오 라모스가 되었어야 할 것입니다. 16시즌동안 22번의 우승을 이뤄냈습니다. 프란시스코 헨토보다 하나 적은 숫자이죠. 진정한 레전드입니다. 이 모든 걸 감안하면 구단은 10% 연봉 삭감에 더불어 1년 계약이 아니라 라모스의 요구처럼 2년은 제시했어야 합니다.

현재 팬데믹 상황에 모두가 재정적으로 민감한 상황인 것은 사실입니다. 더군다나 플로렌티노 회장은 액수를 중요시하는 사람인데 그에게 이런 부분에서 호의를 바라는 것이 되죠. 예를 들어 바르셀로나를 살펴보면 35세까지 꽤나 높은 연봉으로 계약하는 사례도 있어요. 플로렌티노 페레스였다면 그가 회장직에 있는 한 어떠한 선수에 대해서도 용납하지 않았을 것입니다. 제 생각으로는 세르히오 라모스는 레알마드리드에 잔류하기 충분했다고 봅니다. 그가 6월 막바지에 회장에게 오퍼를 수락한다고 했을 때는 이미 오퍼 수락 기간이 만료되었다고 하는데요. 아무리 그렇다고 하더라도 저는 구단이 그에게 문을 열어주어 적어도 이번 시즌만큼은 잔류할 수 있게 해야 했다고 생각합니다. 제 생각에는 양쪽 모두 실수했습니다. 레알마드리드는 세르히오 라모스를 배려하지 않았죠. 구단이 그에 대해서만큼은 예외를 적용시켜야 했다고 생각합니다. 하지만 동시에 라모스가 가져오는 제약들은 구단에게 흥미롭지 않았을 수 있습니다. 그는 항상 동료를 챙기고 높은 적극성을 보이며 스스로에게도 높은 수준을 요구하는 선수인데 결국 이것이 그 자신을 소모시켰죠. 그는 몇 번의 복잡한 재계약 사례를 가지고 있고 그 중 몇 번은 방법에서도 잘못된 경우도 있었습니다.

플로렌티노는 라모스에게 복수한다는 개념으로 접근한 것은 아닙니다만 이번 재계약에 흥미를 보이지 않은 것도 사실입니다. 아마 라모스를 배제하는 선택을 이미 한 것이겠죠. 그리고 그 오퍼를 넣으면서 구단은 라모스가 오퍼를 수락하지 않을 것이라는 것도 알고 있었습니다. 제 생각에는 라모스의 입장에서는 돈보다는 명예 때문에 구단을 떠나는 것입니다. 왜냐하면 그는 지금까지의 업적이 2년 재계약이라는 보상을 받기에 충분하다고

생각하기 때문입니다. 하지만 그가 오퍼를 수락하는데 시간이 걸린 것도 사실입니다. 지난 1월 기자회견에서 "플랜에서 나를 제외해라"라고 발언한 것도 이 상황에 한몫 했습니다. 결국 플로렌티노 회장의 협상 신호탄이 된 셈이죠. 구단은 그의 발언 후 몇 주가 지나고 몇 달이 지나도 라모스 측으로부터 답이 없으면 그가 잔류하지 않을 것이라고 생각했을 것입니다. 아마 그동안 라모스는 흥미로운 오퍼가 들어오는지 기다렸을 것이고, 결국 아무것도 오지 않자 다시

레알마드리드의 문을 두드렸지만 이미 늦은 것일 겁니다. 구단도 늦었지만 다시 문을 열어 주었어도 됐지만 말입니다. 참 안타까운 마지막입니다.

만약 안첼로티가 이때 감독이었다면 그가 계속 주장으로 남았으면 좋겠다고 했을 겁니다. 하지만 결국 다른 이변은 없습니다. 세르히오 라모스는 아직 가치가 있습니다. 2021년 2월에 무릎 수술을 겪고 현재 35세 나이에도 아직 그의 축구 커리어는 남았다고 생각합니다. 그는 마지막 기자회견에서

많은 일이 일어났습니다.

우선 말하고 싶은 건 절대 레알마드리드를

떠나고 싶지 않았다는 사실입니다.

난 항상 레알과 계속하길 원했죠.

간략히 세부 사항을 말하면 구단은 내게

계약 연장을 제시했지만 코로나19로 인해 구단은

지난달까지 내게 1년 계약과 삭감된 주급을 제안했어요.

돈은 문제가 아니었습니다.

플로렌티노 페레스 회장도 알고 있듯이

내 협상 상황은 경제적인 문제가 아니었어요.

계약 연수가 문제였죠. 내 가족을 위한 요구였습니다.

마지막 대화에서 난 요구를 수용했고

구단은 더는 내 얘기를 듣지 않았어요.

그리고 난 협상에 만기일이 있다는 걸 듣긴 했지만

그게 언제인지는 듣지 못했습니다.

난 분명 제안을 수용했지만, 구단이 이를 파기했습니다.

난 왜 이 협상에 아무런 고지 없이 만기일이 있는지 모르겠어요.

아마도 내가 오해했을 수도 있겠지만,

아무도 내게 만기일이 있다고 알려주지 않았죠.

1월부터 내 에이전트를 통해 몇몇 구단들이 연락을 해왔습니다.

하지만 난 레알마드리드를 떠날 생각이 없었습니다.

Sergio Ramos

기품을 지키도록 노력했으나 결국 큰 슬픔을 나타냈습니다. 그리고 또다른 주제에 대해서도 명확히 입장을 표명했죠. 스페인 국가대표에 복귀하고 싶다고 말입니다. 스페인은 그가 없이 유로 2020 대회를 치렀습니다. 루이스 엔리케가 그를 선발하지 않았어요. 라모스는 이에 대해 그의 선택을 존중하며 다시 수준을 끌어올려 국가대표 엔트리로 복귀할 수 있도록 노력할 것이라고 했습니다. 이것이 세르히오 라모스의 목표 중 하나입니다. 2022년 카타르 월드컵이

기다리고 있고 라모스는 스페인 대표팀에 복귀하고 싶어합니다. 라모스는 레알마드리드 잔류 무산에 대한 분을 원동력 삼아 계속해서 이겨 나갈 것입니다. 골도 계속해서 넣으면서 말이죠. 그가 줄을 너무 세게 당기긴 했지만, 레알마드리드도 16년간 팀을 이끌었던 그를 그리워하지 않을 수는 없을 것입니다.

Franz Beckenbauer

프란츠 베켄바워

축구사를 뒤흔든

BIRTH 1945년 9월 11일

CLUB 바이에른뮌헨(1964~1977) – 뉴욕 코스모스(1977~1980) – 함부르크SV(1980~1982)
– 뉴욕 코스모스(1983)

NATIONAL TEAM 서독 103경기 14골

'카이저(황제)'라는 별명을 얻은 축구 역사상 가장 위대한 수비수 중 한 명이다. 수비수 포지션
으로 두 차례나 발롱도르를 수상한 유일한 선수다. 베켄바우어는 현대 축구의 '스위퍼' 개념을
최초에 정립하고 발명한 인물이다. 본래 중앙 수비수이지만 공격 전개 과정 뿐 아니라 공격 지
역으로 전진해 득점 과정에 기여한 현대 축구 최고의 선수다. 탁월한 전술적 혜안으로 선수와
감독으로서 월드컵을 우승한 역대 3명 중 한 명으로 이름을 올리고 있다. 그는 1974년 서독 월
드컵 우승 멤버이며, 1990년 이탈리아 월드컵에는 감독으로 우승했고, 2006년 독일 월드컵을
성공적으로 유치하고 운영한 행정가이기도 하다.

프로 선수로 베켄바워의 최전성기는 1968-69시즌 첫 분데스리가 우승을 시작으로 1971-72시
즌부터 1973-74시즌까지 분데스리가 3연속 우승, 1973-74시즌부터 1975-76시즌까지 세 시
즌 연속 유러피언컵 우승을 이루며 그 사이 1974년 월드컵 우승을 차지한 1970년대다. 베켄바
우어는 수비수임에도 1969-70시즌과 1971-72시즌, 1972-73시즌에 분데스리가에서 6골을 기
록했다. 1974-75시즌 유러피언컵 준결승 1차전에 생테티엔 원정 0-0 무승부로 무실점 수비를
이끈 베켄바우어는 2차전 홈 경기에 시작 2분 만에 선제골을 넣어 2-0 승리로 결승에 오르는
데 결정적인 득점을 기록했다. 베켄바우어는 1966 잉글랜드 월드컵에서 스위스, 우루과이, 소
련을 상대로 3골을 넣기도 했고, 1970 멕시코 월드컵 잉글랜드를 상대로 한 8강전에서 0-2로
뒤진 상황에 역전극의 시발점이 되는 골을 넣어 3-2 승리를 거두는 데 일조했다.

Daniel Passarella

다니엘 파사렐라

역사적 센터백들

BIRTH 1953년 5월 25일
CLUB 사르미엔타(1971~1973) - 리버 플레이트(1973~1982) - 피오렌티나(1982~1986)
- 인테르 밀란(1986~1988) - 리버 플레이트(1988~1989)
NATIONAL TEAM 아르헨티나 70경기 22골

남미 축구 역사상 최고의 수비수이자, 골 넣는 수비수로 한 시대를 풍미했다. 2004년에 국제
축구연맹이 축구 역사상 가장 위대한 125명의 살아있는 선수에게 수여한 FIFA 100 어워드
를 수상했다. 2007년에 타임즈가 축구 역사상 가장 터프했던 축구 선수 50인 중 36위로 선정
했고, 2017년 영국 축구 전문지 포포투가 선정한 역대 축구 선수 100명에서 56위에 올랐다.
1978년 아르헨티나 월드컵에서 우승을 차지할 때 아르헨티나 대표팀의 주장이었고, 1986년
멕시코 월드컵 우승 멤버로도 참가했다. 선수 시절 전성기는 리버 플레이트에서 6번의 1부리
그 우승을 이룬 것이며, 이후 이탈리아로 건너가 유럽 무대에서도 활동했다.
탁월한 리더십 및 수비 리딩, 공격 가담 등으로 남미의 베켄바우어로 불렸다. 실제로 현역 시
절 그의 별명 중 하나는 '엘 카이세르(El Kaiser)'였다. 축구 역사상 가장 득점력이 뛰어난 수비수
로 불린 파사렐라는 통산 리그 451경기에서 134골을 넣었다. 이 기록은 이후 바르셀로나에서
뛴 네덜란드 수비수 로날트 쿠만이 경신한다. 파사렐라는 1978 월드컵 프랑스전, 1982 월드컵
엘살바도르, 이탈리아전에도 득점했다. 은퇴 후 감독으로 리버 플레이트의 두 차례 리그 우승
을 이끌었고, 멕시코 몬테레이 감독으로 멕시코 리그도 우승했다. 아르헨티나, 우루과이 대표
팀 등도 지휘한 파사렐라는 1997년 남미 올해의 감독을 수상하기도 했다.

Franco Baresi

프랑코 바레시

BIRTH **1960년 5월 8일**
CLUB **AC 밀란**(1977~1997)
NATIONAL TEAM **이탈리아 81경기 1골**

AC 밀란 유소년 팀에서 성장해 밀란 수비수로는 20년간 현역 생활을 보낸 이탈리아 축구 레전드. 축구 역사상 최고의 수비수 중 한 명인 바레시는 중앙 수비를 이끌면서 공격 전개 역할을 하는 '리베로(이탈리아어로 자유인)'의 표본이다. 밀란과 이탈리아에서 파올로 말디니, 알레산드로 코스타쿠르타, 마우로 타소니, 필리포 갈리, 크리스티안 파누치 등 세대를 넘나드는 수비수들과 짝을 이뤄 이들의 성장과 발전을 이끌며 밀란의 전성 시대를 이끌었다.
176센티미터의 키로 중앙 수비수치고는 작았으나 빠른 스피드, 완강한 몸 싸움 능력과 끈기, 집중력, 체력 등 다른 요소로 문전을 사수했고, 공을 소유했을 때는 우아한 플레이로 공격의 시발점 역할을 했다. 바레시는 밀란에서 무려 여섯 번의 세리에A 우승과 세 번의 유러피언컵 및 챔피언스리그 우승을 이뤘다. 1990년 이탈리아 월드컵 우승을 이뤘고, 1982 스페인 월드컵과 1994 미국 월드컵 준우승 등으로 월드컵 무대에서 이탈리아가 강력한 성적을 이룰 수 있었던 카테나초 수비의 핵심으로 활약했다. 국가대표로는 1988년 소련과 친선 경기에 유일한 득점을 했으나 밀란에서는 통산 719경기에서 33골을 넣는 등 종종 골맛을 보기도 했다.

Paolo Maldini

파올로 말디니

BIRTH **1968년 6월 26일**
CLUB **AC 밀란(1985~2009)**
NATIONAL TEAM **이탈리아 126경기 7골**

풀백과 센터백을 겸할 수 있는 말디니는 '와이드 센터백'의 기원이 되는 수비수다. '일 카피타노'라는 별명처럼 현역 생활 내내 탁월한 리더십으로 호평 받았던 그는 세르히오 라모스 유형의 수비수로는 가장 먼저 세계적 명성을 떨쳤다. 바레시의 후계자로 밀란 유소년 팀에서 성장해 오직 밀란에서만 현역 생활을 했고, 지금은 밀란의 테크니컬 디렉터로 일하고 있다. 부친 체사레 말디니가 이탈리아 대표팀과 밀란의 주장이었고, 1998년 프랑스 월드컵에는 체사레 말디니가 이탈리아 대표팀 감독으로, 파올로 말디니가 선수로 참가하기도 했다.

본래 오른발잡이로 경력 초기 라이트백으로 뛰었으나 아리고 사키 감독이 레프트백으로 포지션을 변화 시킨 후 경력 대부분을 레프트백으로 뛰었다. 양발을 완벽하게 쓸 수 있는 점, 187센티미터의 키로 공중볼 경합도 능하고 스피드도 빠른 점에서 풀백과 센터백을 두루 소화할 수 있었고, 수비 라인 리딩 능력도 걸출한 완벽한 수비수였다. 만 41세의 나이에 현역 은퇴를 할 정도로 오랜 기간 전성시대를 누린 말디니는 나이가 들어가며 속도가 떨어져 센터백으로 전업한 케이스다. 풀백 출신 센터백이 갖는 모든 이점을 누리며 센터백으로도 세계 최고의 선수로 평가받았다. 밀란 1군 선수로 통산 902경기에서 33골을 득점했다. 국가대표로 나선 메이저 대회 본선에서는 득점하지 못했으나 1994 미국 월드컵 예선, 유로1996 예선, 1998 프랑스 월드컵 예선, 유로2000 예선전에서 골맛을 봤다. 1984-85시즌 1군으로 데뷔해 무려 25시즌을 활약했고, 7번의 세리에 우승, 유로 다섯 번의 유러피언컵 및 챔피언스리그 우승으로 유럽 축구의 정상에 섰다. 이탈리아 대표팀에서는 2002년 한일 월드컵을 끝으로 은퇴해 1994년 미국 월드컵 준우승, 유로2000 준우승이 최고 성과였다.

라리가를 떠나 리그앙으로, 파리에서의 새로운 도전

빅이어를 노리는 PSG

레알마드리드와 바르셀로나에서 전쟁 같은 엘클라시코를 벌인 양 팀의 주장이
한 팀에서 뛰게 되었다. 축구 역사상 전례를 보기 힘든 세기의 이적이, 무려
자유계약으로 이뤄졌다. 코로나19 팬데믹 사태가 스페인의 양대 명문 구단에 안긴
재정 타격으로 인해 세르히오 라모스와 리오넬 메시가 2021년 여름 나란히
파리생제르맹 유니폼을 입었다.

프랑스 수도 파리를 연고로 하는 파리생제르맹의 역사는 다른 프랑스 리그앙 명문
구단과 비교하면 초라하다. 1970년에 파리에 대형 클럽이 없는 상황을 바꾸고자
파리FC와 스타드 생제르맹이 합병하여 출범했다. 1974년에 1부리그에 진입했고,
1985-86시즌에 첫 리그앙 우승을 이뤘으니 가파른 성장세를 탄 편이다. 하지만
파리생제르맹은 2012-13시즌 통산 세 번째 우승을 거두기 전까지는 1993-94시즌에야
한 번 더 프랑스 챔피언이 되는 영예를 누렸을 뿐이다. 심지어 1991년에는
파리생제르맹이 적자로 파산 위기에 직면해 프랑스의 대표적인 방송사 카날플뤼가
인수해 되살리기도 했다. 이때의 투자금을 통해 다시 리그앙의 상위권 팀으로 올라섰다.
파리생제르맹의 운명이 극적으로 바뀐 것은 2011년 5월 31일 카타르 왕가가 운영하는
카타르 스포츠 인베스트먼트(QSI)가 구단 지분 70%를 인수하면서부터다. 5000만
유로를 투자해 최대주주가 된 카타르 스포츠 인베스트먼트는 2012년 3월 잔여 30%
지분까지 확보했고, 이후 근 10년간 한국 돈으로 선수 영입에 2조원에 달하는 돈을

투자하며 유럽 최고의 팀으로 발돋움시켰다. 카타르 자본의 구단 인수 이후 파리생제르맹은 2012-13시즌부터 2019-20시즌 사이 6번의 리그앙 우승을 이뤘고, 2019-20시즌에는 창단 후 처음으로 UEFA 챔피언스리그 결승전에 진출했으나 바이에른뮌헨에 패배해 준우승에 그쳤다.

프랑스 내에서 이미 적수가 없는 파리생제르맹의 유일한 야심은 유럽 챔피언이 되는 것이다. 지난 10년간 누구보다 많은 우승을 이룬 챔피언스리그의 마에스트로 라모스와 메시가 한 팀이라면 그 어느 때보다 꿈에 가까울 것이다. 입단 후 부상으로 인해 2021년 11월 24일에

맨체스터시티와 챔피언스리그 경기에 처음으로 명단에 들어 벤치를 지킨 라모스는 4일 뒤인 11월 28일 생테티엔에 3-1로 승리한 2021-22 리그앙 경기를 통해 파리 데뷔전을 치렀다. 공교롭게도 UEFA 챔피언스리그 16강 상대는 전 소속팀 레알마드리드로 결정됐다. 라모스는 자신과 동일시해온 레알마드리드를 적으로 만나게 되자 결과에 양보는 없다며 단호한 출사표를 던졌다.

운명이란게 참 변덕스럽네요. 레알마드리드를 만나지 않기를 바랐습니다.

여전히 레알마드리드를 사랑해요. 그래도 산티아고 베르나베우로 돌아갈 수 있어서 좋아요.

코로나19 팬데믹 때문에 마드리드 팬들에게 작별 인사도 하지 못하고 왔으니까요.

이제 나는 파리생제르맹 선수이니, 파리생제르맹을 위해 수비할 것이고,

파리생제르맹이 16강을 돌파할 수 있도록 가능한 모든 것을 다 할 겁니다.

나에게 모험을 걸어준 팀이에요. 파리생제르맹을 위해 죽을 때까지 싸울 것입니다.

세르히오 라모스

파리생제르맹 택티컬 라인업

4 - 3 - 3

10 네이마르 드락슬러

7 음바페 이카르디

30 메시 디마리아

6 베라티 에레라

18 베이날둠 파레데스

27 게예 다닐루

25 멘데스 베르나트

4 라모스 킴펨베

5 마르키뉴스 케러

2 하키미 다그바

1 나바스 돈나룸마

30

Lionel
Messi

리오넬 메시 | 포워드 | 아르헨티나 국가대표 | 바르셀로나 > 자유계약

설명이 필요 없는 축구 역사상 최고의 선수. 왼발을 통한 모든 플레이가 가능하며 경이로운 득점력과 어시스트 능력으로 바르셀로나에서 두 번의 트레블을 이뤘고, 아르헨티나에서 마침내 2021 코파 아메리카 우승을 이룬 뒤 프로 데뷔 첫 이적으로 파리를 택했다.

18

Georginio
Wijnaldum

조르지니오 베이날둠 | 중앙 미드필더 | 네덜란드 국가대표 | 리버풀 > 자유계약

공격, 압박, 수비, 득점과 도움이 모두 가능한 '육각형 미드필더'. 리버풀의 챔피언스리그 및 프리미어리그 우승의 주역으로 중원에서 폭넓은 움직임과 경기 관여, 2선 침투를 통한 득점 기회 창출에 능하다.

2

Achraf
Hakimi

아흐라프 하키미 | 라이트백 | 모로코 국가대표 | 인테르 밀란 > 이적료 6000만 유로

레알마드리드 유소년 팀에서 성장한 하키미는 1군 데뷔 시절 라모스의 집중적인 튜터링을 받았다. 폭발적인 스피드와 슈팅, 크로스를 통한 공격력이 강점. 도르트문트 임대 기간 잠재력이 폭발했고, 인테르 밀란에서 최고 라이트백으로 평가받은 뒤 파리로 왔다.

50

Gianluigi
Donnarumma

잔루이지 돈나룸마 | 골키퍼 | 이탈리아 국가대표 | AC 밀란 > 자유계약

AC 밀란에서 겨우 16세의 나이로 세리에A 최연소 골키퍼 출전 기록을 세웠다. 큰 체구에 반사신경과 수비 리딩 능력을 겸비한 이탈리아 대표 골키퍼. 이탈리아의 유로 2020 우승을 이룬 뒤 파리생제르맹 유니폼을 입었다.

25

Nuno
Mendes

누누 멘데스 | 레프트백 | 포르투갈 국가대표 | 스포르팅 리스본 > 임대

앞선 영입 선수들과 달리 이미 수년간 검증된 선수는 아니지만 스포르팅 리스본과 포르투갈 대표팀에서의 활약으로 포르투갈 축구의 차세대 레프트백으로 각광받았다. 2002년생으로 나이는 어리지만 경이로운 속도와 운동 능력으로 왼쪽 측면을 지배한다.

Capitan
De La Roja

스페인의 캡틴

라모스는 '라데시마'를 달성한 레알 왕조의 중심인 동시에, 무적함대 스페인의 황금기에 최후방을 지킨 캡틴이었다.

그는 2회의 유로 우승과 최초의 월드컵 우승을 모국에 안겼다. 젊은 나이에 세상을 떠난 친구를 기리기 위해

15라는 숫자를 등에 새긴 라모스는 이제 A매치 200회 출장을 목표로 도전을 이어간다.

❝❞

지금 가장 큰 미지수는,
2022 카타르 월드컵에서 그가 어떻게 될지입니다.
라모스는 2021년에 35세의 나이에 유로 대회를 못 뛰게 됐죠.
당연히 그런 식으로 스페인 대표팀에서
은퇴를 하고 싶지는 않을 겁니다.
카타르 월드컵에서 세계 기록을 깨고 싶을 거예요.

미겔 앙헬 디아스

01

나를 지겹도록
보게 될 거예요

MIGUEL ÁNGEL DÍAZ

미겔 앙헬 디아스 기자는 라모스의 스페인 대표팀 역사를 누구보다 잘 아는 인물이다. 스페인 대표팀의 성공기를 다룬 <스페인 대표팀의 비밀>을 출간해 유럽 전역에서 베스트셀러가 되기도 했다. 그가 라모스의 과거와 현재, 미래를 이야기한다.

저는 운이 좋게도 레알마드리드와 스페인 국가대표팀에서 세르히오 라모스의 경력 전체를 취재했습니다. 그래서 저는 그와 여러 번 인터뷰를 할 수 있었고 친하게 지낼 수 있었습니다. 만약 저에게 그와 함께한 최고의 시간을 정하라고 한다면, 저는 첫 번째 순간을 고수할 것입니다.

카메라나 마이크도 없었고 목격자도 없었어요. 라로하(스페인 대표팀의 애칭, 붉은 군단) 선수와 인터뷰를 하고 라스 로하스(Las Rojas, 스페인 대표팀 훈련장)의 시우다드 델 푸트볼을 지나던 중 세르히오와 함께 복도를 건넜습니다. 2004년 루이스 아라고네스가 2005년 3월에 1군 데뷔전을 치르도록 하기 전까지, 그는 U-21팀에서 4~5경기를 뛰며 소집되었죠. 라모스는 이미 세비야에서 1부 리그 데뷔전을 치렀고, 그의 이름이 스페인 리그에 강하게 침투하기 시작했습니다. 라모스는 그의 전화기를 보면서 걷고 있었고, 제가 그에게 다가가 제 소개를 했을 때 고개를 들었습니다.

"세비야에 있는 제 동료 기자들이 당신에 대해 놀라워합니다. 조금만 더 힘내면 곧 당신을 성인 대표팀에서 볼 수 있을 거라고 확신하던데요."

제가 그에게 말했어요.

"고마워요 친구. 앞으로 저를 지겹도록 보게 되실 거예요."

라모스가 대답했습니다.

깜짝 놀랐어요. 그는 그러한 도전적인 확신과 자기 주장으로
제 관심을 끌었습니다. 그는 18세 소년이라고 생각하기
어려운 자신감과 확신을 가지고 있었고, 그것을 해냈습니다.
그의 시선이 제 곁에 머물렀고, 저는 그 이후로도 여러 번
기억했고, 심지어 그 앞에 그가 있는 동안에도 가끔
기억했습니다.
세르히오의 말이 맞았어요. 이후 스페인 유니폼을
180번이나 입었고, 레알마드리드 유니폼을 671번 입고
뛰었습니다. 도합 851경기죠. 엄청나게 오래 본 거죠.
세르히오의 개성, 성격, 그리고 끈기가 그의 축구 경력을
특징지었습니다.

라모스는 불굴의 성격으로 국가대표팀에 데뷔한 루이스
아라고네스와의 불화를 겪기도 했습니다. 스웨덴전을 이틀
앞둔 2008년 오스트리아 · 스위스에서 열린 유럽선수권대회
당시 세르히오 라모스가 쉬는 날을 틈타 지역신문과 야간에
술잔을 기울이며 인터뷰를 가졌고, 그게 1면에 실렸습니다.
루이스는 이런 미디어 친화적 선수를 경시했죠.

세르히오는 아라고네스 감독에게 "만약 내일 당신과
데이트하러 나갈 때, 사람들이 못알아보도록 가발을 써야
한다면, 그렇게 하는 데 아무런 문제가 없을 것입니다."라고
농담했죠.

이탈리아와의 경기를 앞두고, 아라고네스와 라모스는
다른 동료들이 보는 앞에서, 그리고 언론을 증인으로 내세워
언쟁을 벌였습니다. 아라고네스는 세르히오가 때때로 자신이

올라가야 하는지 내려가야 하는지 잘 모르는 수비에서의
몇 가지 플레이를 좋아하지 않았습니다. 루이스는
공개적으로 그의 얼굴에 그것을 던졌고, 결국 라모스가
화를 냈습니다.

"라커룸에서 개인적으로 말했으면 좋았을 것입니다. 하지만
그가 단지 저를 반응시키기 위해서 그랬다면, 완벽했네요."

앞으로 드러날 큰 미지수 중 하나는 라모스의 대표팀 복귀
여부입니다. 루이스 엔리케가 무릎 부상을 이유로 2021년
여름에 열린 유로 2020 대회에서 제외했죠.
그 이후 햄스트링과 부상으로 다시 스페인 대표팀 유니폼을
입지 못하고 있습니다. 우리가 알고 있는 정보에 따르면
루이스 엔리케가 당분간 라모스를 대표팀에 다시 소집하는
것은 어려울 거라네요.

여러분은 아마 그의 무대가 끝났다고 생각할 수도 있을 것
같습니다. 그러나 라모스는 아직 스페인 대표팀에서의
마지막에 대해 말을 하지 않았습니다. 라모스는 새 소속팀
PSG의 경기를 통해 다시 그라운드에 복귀할 것이고,
평소의 수준을 회복한다면 루이스 엔리케를 곤경에 빠뜨릴
것입니다. 분명한 것은 자신의 기록인 180경기를 넘어서는
또 다른 스페인 선수를 보기까지는 수년이 걸릴 것이라는
점입니다. "SR4"는 스페인과 세계 축구의 역사입니다.

02

무적함대의 황금시대,
스페인의 15번

세계적인 축구 팀들은 철학과 역사, 그리고 가슴에 별을 달고 있다. 세계 최고의
축구 대표팀을 가리는 FIFA 월드컵은 한 나라의 축구 문화와 역량, 시스템의
총체를 전시하는 스포츠 제전이다. 5회 우승을 자랑하는 브라질은 남미의 강호로
현란한 개인 기술을 자랑한다. 4회 우승을 이룬 독일은 축구가 팀 스포츠라는 것을
증명한 조직력을 보여줬다. 마찬가지로 4회 우승인 이탈리아는 카테나초(빗장)라는
단어가 수비의 대명사가 될 정도로 빼어난 수비 전술과 능력으로 세계를 호령했다.
각각 2회 우승을 이룬 아르헨티나와 프랑스는 보다 늦게 월드컵 트로피를
들었으나 남미의 기술과 유럽의 조직력이 결합된 현대 축구의 신흥 강자로
자리매김했다.
대회 창설 초기 2회 우승을 달성한 우루과이, 축구 종주국으로 1966년 자국
대회에서 한 차례 우승한 잉글랜드는 앞서 언급한 국가와 비교하면 그 위세가 조금
떨어진다. 잉글랜드의 경우 현대 축구의 발상지이자, 킥 앤 러시와 빠른 템포로
대표되는 독자적 스타일을 갖추고 있으나 서유럽과 라틴 아메리카의 기술 축구에
밀려 정상에 오르지 못해왔다. 21세기 들어 프리미어리그를 세계 최고의 프로
축구 리그로 성공시키며 세계적 명장과 스타 선수를 불러 모아 자국 축구의
성장까지 도모해 세계 축구의 열강 입지를 구축하기 시작했다.
이제 스페인의 이름 나올 차례. 지금까지 언급한 국가 중 가장 늦은 2010년에
첫 월드컵 우승을 이룬 스페인은 레알마드리드와 FC 바르셀로나를 중심으로 한

라리가의 오랜 명성과 기술 축구, 패스 축구의 최고봉이라는
철학적 개성을 두루 갖췄으나 국가대표팀 레벨에서는
오랫동안 성과를 내지 못했다.

스페인은 현재 독일과 더불어 유러피언 챔피언십 최다
우승국이다. 그러나 세 차례 우승 중 두 차례가 2008년과
2012년에 이룬 연속 우승이다. 그 전 우승은 무려
반 세기전인 1964년에 자국에서 열린 대회에서 우승한
것이다. 2000년대 들어 유러피언 챔피언십에서 우승한 팀은
프랑스(2000), 그리스(2004), 스페인(2008, 2012),
포르투갈(2016), 이탈리아(2020)다. 그전까지 독일이
3회 우승으로 독보적 최다 우승국이었다.

스페인이 오랫동안 수준 높은 축구 문화와 전통,
좋은 선수들과 감독을 배출해왔음에서도 대표팀에서
성적을 잘 내지 못한 이유는 다른 국가대표팀에 비해 심한
자국 리그 내 갈등 구조에 있다는 분석이 많았다.
카스티야와 카탈루냐의 대립으로 대표되는 '엘 클라시코'로
인해 스페인 최고의 선수들 간에 정서적 거리감이 있었고,
바스크 지역 선수들 역시 카스티야 지역에 적개심이
적지 않았다. 물론 대표팀 선수로 뛰며 태업을 하는 것은
아니지만 메이저 대회의 중요한 순간에 발휘되어야 하는
응집력이 부족하다는 것이었다.

유로 2008 우승과 사상 첫 월드컵 우승인 2010 남아공
월드컵 우승은 스페인 이러한 편견의 시선을 끝낼 수 있는
계기가 됐다. 세계 축구의 정상에 오른 스페인 대표팀의
활약이 유로 2012 우승까지 사상 초유의 메이저 대회 3연속
우승으로 이어지자 스페인 대표팀 소식에 크게 관심을
보이지 않았던 카탈루냐 지역에서도 스페인 대표팀의
인기가 높아졌다. 물론, 이 배경에는 바르셀로나 선수들,
카탈루냐 선수들 다수가 스페인 대표팀의 중심 멤버로
활약했기 때문이기도 하다.

스페인 대표팀의 월드컵 우승은 스페인 내 사회 문제를
해결하는 데에도 일조했다는 호평을 받았다. 주제 무리뉴
감독이 레알마드리드를 지휘하면서 바르셀로나와
엘클라시코 경기에 선수들의 동기부여를 강화하기 위해
바르셀로나 선수들과 감정을 악화시키기 위한 심리전을
폈고, 그로 인해 충돌과 각종 사건이 벌어졌지만 스페인
대표팀 안에서 우정을 나누고 교류하던 이들이 이를
중재하고, 결국 무리뉴 감독이 물러나게 된 사태도 이러한
배경에서 기인한다.

레알마드리드 골키퍼 이케르 카시야스와 수비수
세르히오 라모스는 바르셀로나 수비수 카를레스 푸욜,
제라르드 피케와 긴밀하게 협력해 메이저 대회

토너먼트에서 좀처럼 실점하지 않는 끈끈한 수비를 펼쳤다.
그러면서 서로의 관계도 좋아졌다. 더구나 이 선수들은
스페인 청소년 대표팀 시절부터 계속 함께 선발되어
한 팀으로 경기를 뛰며 자랐기에 사실 서로에 대한 적개심이
애초에 없었다. 물론 경기 중 경쟁심이 극에 달했을 때는
서로 몸싸움을 벌이기도 했고, 카탈루냐 민족에 대한
자긍심으로 똘똘 뭉친 제라르드 피케가 공개적으로
정치적 발언을 해 어색한 상황이 펼쳐지기도 했지만
경기 중에는 모든 것을 잊고 오직 스페인 대표팀의 승리를
위해서 뛰었다.

세르히오 라모스의 스페인 대표팀 경력은 일찍부터
탄탄대로였다. 2005년 3월 26일 중국과 친선 경기를
통해 데뷔한 뒤 4일 뒤 세르비아 몬테네그로와 원정에서
치른 2006 독일 월드컵 유럽 예선 경기에 선발 출전해
90분을 소화하며 무실점 무승부에 기여했다. 이후 6월 4일
치른 리투아니아와 홈 경기에 후반 교체 출전했고,
보스니아전에 결장한 라모스는 8월 우루과이, 9월 캐나다와
친선 경기에도 소집되어 한 차례 교체 출전, 한 차례 풀타임
출전으로 서서히 루이스 아라고네스 감독이 이끌었던
2006 독일 월드컵 경쟁에서 두각을 나타냈다.

라모스는 독특하게도 스페인 대표팀 데뷔 초기

레알마드리드에서와 같은 등번호 4번을 달았는데, 2007년
이후 등번호를 15번으로 바꾸었고, 스페인 대표팀의 영원한
15번으로 뛰고 있다. 여기에는 사연이 있다.

세비야 유소년 팀에서 함께 성장했던 왼쪽 윙백 안토니오
푸에르타가 2006년 10월 7일 스웨덴을 상대로 자신의
유일한 스페인 국가대표 경기를 뛰었을 때 달았던
등번호이기 때문이다. 라모스와 함께 스페인 연령별 대표로
소집되기도 했던 푸에르타는 이후 스페인 대표팀 경기에
뛸 기회가 없었고, 2007년 8월 28일, 헤타페와 라리가
경기 전반 25분에 심장마비로 쓰러졌고, 그날 겨우 23세의
젊은 나이로 생을 마감했다. 라모스는 절친 푸에르타를
기리기 위해 등번호 15번을 택했다.

"스페인 대표팀 데뷔전을 치렀을 때는 4번을 달 수 없었기에
15번을 택했어요. 그런데 안토니오 푸에르타가 스웨덴을
상대로 스페인 대표팀 데뷔전을 치르게 된 거죠. 저는
제 등번호 15번을 물려주면서 행운을 빈다고 했어요.
그때 저는 4번을 달 수 있게 됐었죠. 4번은 제가
레알마드리드에서 달고 뛴 번호고, 스페인 대표팀에서도
오래 달고 뛸 거라고 생각했습니다. 하지만 비극적인 일이
벌어지고 말았어요. 저는 안토니오가 스페인 대표팀에서

데뷔할 때 달았던 15번을 계속 달고 뛰면서 그를
기억하겠다고 결심했습니다. 무슨 일이 벌어지든, 저는
제 형제와도 같았던 안토니오 푸에르타의 등번호를 달고
뛸 것입니다."

레알마드리드의 라이트백으로 뛰었던 미첼 살가도가
황혼기를 맞아 경기력이 흔들리고 있었다. 아라고네스
감독은 2006 독일 월드컵을 리빌딩 무대로 여기면서
라모스에게도 기회가 왔다. 아라고네스 감독의 스페인은
주장 라울 곤살레스를 후보로 내리고 페르난도 토레스와
다비드 비야라는 두 젊은 공격수와 브라질에서 귀화한
미드필더 마르코스 세나를 통해 새로운 엔진을 탑재했다.

라모스는 2005년 10월 산마리노와 월드컵 유럽 예선 원정
경기에서 2어시스트를 기록하며 대표팀 데뷔 후 첫 공격
포인트를 기록하며 6-0 대승에 기여했다. 월드컵 개막전
최종 평가전이었던 2006년 6월 7일 크로아티아전에는 후반
추가 시간에 터진 페르난도 토레스의 역전 결승골을
어시스트하며 자신의 가치를 확실히 보여줬다. 이 경기에
선발 출전한 선수는 살가도였으나 후반전에 투입된
라모스의 활약이 더 돋보였고, 라모스는 A조 1차전
우크라이나와 경기에 주전 라이트백으로 나서 4-0 대승에
기여했다. 튀니지와 2차전 3-1 승리로 일찌감치 16강
진출을 확정한 스페인은 사우디 아라비아와 3차전에
대대적인 로테이션을 가동했다. 라모스는 프랑스와

16강전에 다시 선발 출전했으나 지네딘 지단과 프랑크
리베리, 티에리 앙리를 앞세운 프랑스의 화력을 견디지
못하고 1-3 패배로 탈락했다.

이 경험은 유로 2008을 준비하는 스페인 대표팀에 교훈이
됐다. 결국 아라고네스 감독은 스페인 대표팀 그 자체로
불려온 라울 곤살레스를 전격 제외했고, 라모스와
카시야스와 레알마드리드와 스페인의 얼굴이 됐다.

유로 예선전에 덴마크와 스웨덴을 상대로 어시스트를 기
록한 라모스는 본선에서도 8강 진출을 조기 확정한
그리스와 3차전을 뺀 모든 경기에 선발로 나서며 스페인의
유럽 챔피언 등극 핵심 선수로 활약했다.

레알마드리드에서 남긴 득점 기록은 그야말로 경이로운

수준이지만 스페인 대표팀에서는 좀처럼 득점 기회가
오지 않았다. 180회 A매치 출전에 라모스가 남긴 공격
포인트는 23골 8어시스트다. 라모스가 스페인 대표 선수로
넣은 첫 골은 그가 데뷔하고도 5년이 지난 2010년 3월 3일
프랑스와 친선경기에서다. 2010 남아공 월드컵을 준비하며
치른 평가전에서 라모스는 전반 추가 시간에 사비 알론소의
패스를 받아 왼발 슈팅으로 득점해 2-0 승리에 쐐기를 박는
득점으로 승리에 공헌했다.

2010년 남아공 월드컵에서 라모스는 조안 캅데빌라,
제라르드 피케, 카를레스 푸욜과 짝을 이룬 포백 라인의
오른쪽 수비수로 토너먼트 진입 후 무실점 수비를 지켜내며
스페인 대표팀의 사상 첫 우승을 이뤘다.

레알마드리드에서는 라리가 역대 최다 퇴장 선수라는
불명예와 함께 했으나, 남아공 월드컵 7경기에서는
네덜란드와의 결승전에 단 하나의 경고를 받은 것이
유일한 징계였다. 라모스는 스페인 대표팀에서는 180경기를
뛰는 동안 단 한 번도 퇴장당하지 않았고, 경고를 받은 것도
24회에 불과하다. 반면에 그가 올린 공격 포인트는 무려
31개였다.

라모스는 첫 두 번의 메이저 대회 우승을 라이트백으로
이뤘으나, 유로 2012를 준비하는 과정에 카를레스 푸욜이
은퇴하면서 제라르드 피케의 센터백 파트너로 보직을
바꾸게 된다. 라모스는 유로 2012 우승 과정에 센터백으로
전 경기를 풀타임으로 소화했고, 우승을 이끌었다.

2014 브라질 월드컵을 준비하는 과정에는
2013 컨페더레이션스컵 A조 2차전 타히티와 경기에 사상
처음으로 스페인 대표팀의 주장 완장을 찼다. 카시야스가
휴식을 취하고 페페 레이나가 골문을 지키며 완장이
넘어왔다. 카시야스 이후 스페인 대표팀의 주장이 누구인지
명확히 알 수 있는 순간이었다.

2014 브라질 월드컵은 디펜딩 챔피언에겐 악몽이었다.
네덜란드와 B조 1차전 경기에서 1-5 참패를 당했고,
칠레와 2차전까지 0-2로 패했다. 라모스는 호주와 3차전에
주장으로 출전해 3-0 승리를 거뒀으나 웃을 수 없었다.
월드컵 후 치른 2014년 9월 프랑스와 원정 친선전에서도
라모스는 스페인의 주장이었다. 유로 2016을 준비하는
과정 속에 다비드 데헤아가 맨체스터유나이티드에서 엄청난
경기력을 보이며 주장 이케르 카시야스가 굳건히 지키던
주전 골키퍼 자리를 위협했다. 데헤아가 출전한 경기에
라모스가 완장을 차기 시작했다. 결국 유로 2016 본선에
카시야스가 데헤아에 밀려 벤치를 지키며 라모스가
이탈리아와 8강전에서 0-2로 패배하기까지 4경기에 모두
주장으로 뛰었다.

유로 2016까지 타이틀 방어에 실패하자 스페인축구협회는
두 번의 메이저 대회 우승을 이뤘던 비센테 델보스케 감독과
결별했다. 줄렌 로페테기 감독이 부임하면서 카시야스는
대표팀에서 자리를 잃었다. 라모스가 스페인 대표팀의 정식
주장이 된 것은 이때다. 스페인 대표팀은 2018 러시아
월드컵 첫 경기 직전에 로페테기 감독이 대회 종료 후
레알마드리드에 부임한다는 공식 발표가 선수단 운영에
타격을 줄 것이라는 논란 속에 전격 경질을 택했다.
어수선한 상황 속에 스페인 축구 레전드 페르난도 이에로가

대표팀 지휘봉을 잡았다. 주장으로 나선 첫 월드컵에서
라모스는 포르투갈, 이란, 모로코와 힘겹게 B조 경기를 1승
2무로 돌파해 16강에 올랐으나 개최국 러시아에 승부차기로
패하며 3개의 메이저 대회를 연속해서 실망스럽게 마쳤다.
이 대회가 끝난 후 스페인 대표팀은 바르셀로나에서
트레블을 달성했던 루이스 엔리케를 정식 사령탑으로
선임해 유로 2020을 준비했다. 라모스는 엔리케 감독 재임
기간 빌드업 과정의 영향력 및 득점 빈도가 비약적으로
상승했다. 라모스는 2018년 9월 11일 크로아티아를 무려
6-0으로 대파한 UEFA 네이션스리그에서 헤더로 득점한
것을 시작으로 부상으로 부상으로 뛰지 못한
보스니아헤르체고비나와 친선 경기를 제외하고 노르웨이와
유로 2020 예선 첫 경기까지 A매치 5경기 연속골을 넣었다.

라모스는 2018년 10월 11일 웨일스전에도 자신의
전매특허인 헤더로 득점해 원정 4-1 승리를 이끌었고,
2019년 10월 15일 잉글랜드와 홈 경기까지 무려 세 경기
연속 헤더 득점에 성공했다. 득점의 매력에 빠진 라모스는
이때 스페인 대표팀의 전담 페널티키커로도 나섰다.
바이에른뮌헨과 챔피언스리그 준결승전 실축의 악몽 이후
트라우마로 남지 않게 페널티킥 능력을 부단히 향상시킨
라모스는 2018년 11월 15일 크로아티아와 네이션스리그
원정 경기에서 2-2 동점을 만든 페널티킥을 성공시켰으나
스페인은 후반 추가 시간 실점으로 아쉽게 2-3으로 졌다.
2019년 3월 23일 노르웨이와 유로 2020 예선전 2-1
승리로 이어진 라모스의 골도 페널티킥이었다.

라모스는 페로제도, 스웨덴, 루마니아를 상대로 유로 2020
예선전에서 3골을 더 추가했다. 2019년 6월 7일부터
9월 5일 사이 열린 3경기에서 내리 득점했고, 스페인은
페로제도와 리턴매치까지 6연승으로 일찌감치 유로 본선
진출에 다가섰다. 라모스는 페로제도전에 헤더, 스웨덴전과
루마니아전에 페널티킥으로 득점했다.

라모스가 국가대표 선수로 가장 마지막에 득점한 경기는
2020년 9월 6일 우크라이나와 UEFA 네이션스리그에서다.
라모스는 4-0 승리 과정에 전반 3분 페널티킥으로 선제골을
넣고, 전반 29분 다니 올모의 코너킥을 헤더로 연결해 멀티
골을 넣었다. 라모스는 2017년 11월 14일 러시아와 원정 친
선 경기에서 3-3으로 비겼을 때 스페인 대표팀에서 첫 멀티
골을 넣었는데, 두 골 모두 페널티킥이었다.

라모스의
훈련 루틴과 식이요법 공개

세르히오 라모스는 오래도록 선수 생활을 하기 위해
철저한 개인 운동 및 식이요법을 수행해온 것으로 유명하다.
라모스는 자신의 몸 관리 비결을 숨기지 않고 공개하기도 했다.

WORKOUT ROUTINE

DAY 1
월요일

등과 이두박근

· 15분 웜업 심장 강화 운동
· 바벨 이두박근 운동 3세트 (6~8회)
· 바벨 6-8회 이두박근 상부
· 싱글 암 덤벨 3 슈퍼 세트
· 인클라인 벤치 이두박근 6회 3세트
· 풀다운 8-10회 3세트
· 케이블 랫 하부 8~10회 3세트
· 싱글 앞 이두박근 풀 6-8회 4세트

DAY 2
화요일

가슴과 삼두박근

· 15분 웜엄 심장 강화 운동
· 덤벨 가슴 6-8회 3메가 키트
· 덤벨 가슴 상부 6-8회 3 슈퍼 세트
· 삼두 확장 덤벨 6-8회 4세트
· 삼두 확장 로프 6-8회 4세트
· 싱글 앞 심볼 가슴 밀기 6회

DAY 3
수요일

복근과 심장

· 15분 웜업 심장 강화 운동
· 지구력 크리스탈 6-8회 3 슈퍼세트
· 볼 크런치 6-8회 3 슈퍼세트
· 한쪽 다리 6-8회 3 슈퍼 그룹 크런치
· 사이클 크론스 6-8회 4세트
· 균형 볼 위에서 30초 6-8회 3세트
· 등 늘리기 6-8회 4세트

DAY 4
목요일

어깨와 다리

· 15분 웜업 심장 강화 운동
· 스쿼트 6-8회 3 슈퍼 세트
· 프론트 스쿼트
· 측면 런지 8 슈퍼 세트
· 앉아서 다리 굽히기 6-8회
· 앉아서 다리 펴기 6-8회 3 슈퍼세트
· 서서 장딴지 프레스 6-8회 4세트
· 앉아서 어깨 덤벨 프레스 6-8회 4세트

FOOD& NUTRITION

BREAKFAST
아침

물 큰 한 컵 / 삶은 달걀 두 개
훈제 연어 슬라이스와 으깬 아보카도, 구운 버섯에 토마토, 식빵 한 쪽 또는 두 쪽

LUNCH
점심

소고기 샐러드와 감자 / 다양한 채소 / 다크 초콜릿 디저트
해바라기 씨, 호박 씨, 올리브 오일 또는 월넛 오일을 뿌린 야채 샐러드

DINNER
저녁

레몬과 대구 요리, 올리브, 허브 / 올리브 오일 뿌린 야채 / 쌀밥

TIP
신체 강화를 위한 식단

완두콩 프로틴 / 우유 한 컵 / 과일

훈련 중 점심

감자 소고기 샐러드
다양한 야채 / 드라이 디저트 초콜릿
해바라기 씨, 호박 씨, 올리브 오일 또는
월넛 오일을 뿌린 야채 샐러드

훈련 중

많은 양의 물 섭취 / 스포츠 음료

취침 전

로비보 컵 / 페퍼민트 차 / 물 한 컵

심야

믹스 베리 / 아몬드 한 줌
시나몬 요거트

03

라모스 리더십
라커룸의 DJ

MIGUEL ÁNGEL DÍAZ

역대 그 어떤 스페인 대표팀도 이루지 못한 월드컵 우승의 비결은 팀 전체가
하나로 똘똘 뭉칠 수 있었던 결속력이다. 그 결속력의 중심에 세르히오 라모스가
있었다. 2012년 브레인스토어를 통해 한국에도 출간된 <스페인 대표팀의 비밀>에
수록된 라모스의 일화 일부를 소개한다.

오늘 잘 정리된 것 같은 당신을 보았어요.

비록 이미 아무 것도 남지 않았지만요.

제 새로운 사랑은 매일같이 당신과 닮아가고 있어요.

당신의 시선이 날 최면에 빠지게 해요.

당신의 미소가 생각나요.

내 새로운 사랑이 당신을 자꾸 닮아가요.

아르헨티나 밴드 '잠바오'의 노래는 이렇게 시작한다. 이 노래는 유로 2008 대회
기간 내내 스페인 대표팀을 위한 노래로 연주됐다. 대표팀 선수들은 합숙 기간
내내 "그가 당신을 점점 닮아가요(Se parece mas a ti)"를 온 종일 들었다.
비야레알의 탈의실에서는 마르코스 세나와 카소를라, 캅데빌라가 콜롬비아와
파나마의 민속춤인 꿈비아를 추며 여흥을 돋운다. 이 춤과 노래가 그들에게 행운을
가져다 주었다. 비야레알 선수들은 스페인 라리가 준우승을 이룬 뒤 세르히오
라모스에게 이 노래도 오스트리아 원정을 위한 음악 리스트에 포함해달라고
요청했다. 안달루시아 출신인 라모스는 동료들의 부탁을 들어주었다. 2008년 여름
'라 로하'를 위해 제작한 첫 번째 음악 CD에 포함되었다.

"우리는 종종 함께 노래를 들었어요. 다른 선수들도 아르헨티나 가수 곤살로

로드리게스의 노래를 좋아했거든요. 라모스에게 이 노래도 CD에 포함시켜달라고 말했죠. 굉장히 리듬감이 있고 이해하기 쉬운 곡이거든요. 우리는 그 노래를 귀담아 들었고, 승리했어요. 세르히오는 모두의 의견을 구하고 또 만족하는지 이야기를 나눴죠. 전 음악이 원기를 북돋아 주고 쌩쌩하게 해준다고 생각해요." _산티 카소를라

라모스의 여행 가방에는 스피커와 그의 아이팟에 노래를 옮길 수 있는 노트북이 빠진 적이 없었다. 처음에는 그가 지내는 숙소 방안에서만 사용했고 호텔에서 동료 선수들이 모일 때 흥을 돋우기 위해서만 사용했다. 하지만 아라고네스 감독은 오스트리아에서 밴드 '카피탄 카나야'의 "그들을 위해 (A por ellos)"를 가장 즐겼던 사람 중에 한 명이다. 이 놀라운 광경을 마주한 세르히오와 그의 동료들은 웃음을 멈출 수 없었다. 루이스가 머리를 흔들며 노래를 하고 있었고, 덩실덩실 춤을 추고 있었기 때문이다. 그 테마는 곧 스페인 대표팀의 승리를 위한 부적이 됐다. 나중에 콜론 광장에서 우승 파티를 위해 팬들과 다시 마주한 자리에서 다시금 연주됐다.

아라고네스는 조금씩 음악을 트는 것에 대해 허락의 범위를 늘리기 시작했다. "처음에는 많이 찬성하는 쪽이 아니었어요. 아이팟 사용을 금지해야 한다는 계획을 세우기도 했죠. 하지만 왜인지 모르겠지만 그가 생각을 바꿨어요. 그것이 적중했다고 생각해요." 마르체나가 당시를 기억했다.

라모스는 굉장히 어린 시절부터 음악과 특별한 인연을 맺었다. 그는 항상 음악을 통해 자극을 받고 동기부여를 얻었다. "세비야에서 헤수스 나바스, 헤나투, 파블로 알바로와 함께 뛸 때 이미 그런 생활 방식에 적응했어요. 호아킨 카파로스 감독은 음악을 트는 것을 허용해준 첫 번째 감독이었죠. 그는 잊었을지 모르지만. 그때부터 저는 줄곧 이런 문화를 전파하기 위해 애썼어요. 레알마드리드에서도 대표팀에서처럼 이 문화를 정착시키려고 했어요. 카펠로 감독은 좋아하지 않았지만, 다른 감독들은 그렇게 나무라거나 하지 않았어요. 음악이 방해가 된다고 생각하지 않아요. 오히려 그 반대라고 생각해요. 음악이 모티베이션에 엄청난 도움을 준다고 생각합니다."

세르히오는 2006년 독일 월드컵 기간 중에 이를 처음 시도했지만 그때는 확실하게 자리잡지 못했다. 당시 스페인은 독일의 카멘에서 합숙했는데, 탈의실을 두 개로 나누어 사용했다. 하나의 탈의실에 선수단 전원이 들어갈 수 없었기 때문이다. 그렇기 때문에 한 곳의 탈의실에서만 음악 소리가 들렸다. "아마 당시 베테랑 선수들은 그렇게 노래를 좋아하지 않았을지 몰라요. 하지만 우리가 사용했던 탈의실에선 '트리아나의 책상(Mesa de Triana; 트리아나는 스페인 안달루시아 자치지역)'이 경기에서 승리했을 때 축제와 함께 울렸죠." 노래를 즐겼던 그룹은 세르히오를 포함해 레예스, 호아킨, 레이나, 토레스, 후아니토, 마르체나였다.

당신이 투영된 눈을 바라봐요.
오늘 그의 입술에 입을 맞추고 당신을 더 생각해요.
내 침대에서 벌거벗은 그녀는 날 사랑해요.

노래가 반복된 패턴으로 진행되기 때문에 대표팀 구성원이 후렴구를 따라 부르는 데 많은 시간이 필요하지 않았다. 오스트리아에서 매번 경기장으로 향하는 길이나 훈련장에서 모두가 한 목소리로 이 노래를 합창했다. 스페인 대표팀의 버스에는 열대 지방의 리듬인 잠바오의 꿈비아도 울려 퍼졌다. "전 아직도 그 노래를 듣고 있어요. 저도 그 노래를 아이팟에 담아놨습니다. 오스트리아와 경기를 하기 위해 비엔나로 돌아왔을 때 탈의실에서 그 노래를 한 번 더 들었어요. 잊을 수 없는 추억이죠!" 비야가 말했다. 의심할 바 없이, 가장 잊을 수 없는 순간 중에 하나는 유로 2008 대회 8강전에서 이탈리아를 꺾고 비엔나의 에른스트 하펠에서 호텔로 돌아오던 날이다. 웃옷을 벗은 레이나는 축하 파티의 근사한 지휘자가 되어 있었다. 모든 선수들이 노래 가사를 흥얼거렸다. 선수들은 버스 안에서 박자에 맞추어 창문을 두드리며 노래를 불렀다. 몇몇 선수들은 버스 통로에서 조촐하게나마 댄스 파티를 감행하기도 했다. 계획된 파티가 아니라 즉흥적으로 벌어진 것이었다. 인터넷에는 선수들이 직접 녹화한 당시 영상이 올라 있다. 하비에르 고메스 마타야나스가 올려 놓은 것이다. 이 영상을 통해 선수들이 어떻게 노래를 불렀는지 확인 수 있다. "그런 광란의 몸짓을 버스와 트렁크가 어떻게 버텼는지 모르겠어요." 칸데빌라가 웃으며 회상했다.

"얌전하던 협회 관계자 실비아도 축제에 합류했죠. 잊을 수 없는 순간이었어요." 페르난도 나바로가 덧붙였다. 유로 2008 대회 기간 중에 틀었던 디스크의 두 번째 노래는 "너를 위해(Por ti)"라는 곡이다. 밴드 아시그나투라

펜디엔테가 연주하고 노래한 곡으로, 세르히오 라모스가
자신을 위해 택한 곡이다. 세비야 사람들로 구성된 그룹이
연주한 곡이었다.

너를 위해, 주어진 삶, 그럴 수만 있다면 더 줄 수 있다.
하늘의 문이 열리면, 너를 위해 나를 숨길 것이다.

팀원 모두가 선곡을 좋아했고 반대 의견은 거의 없었다.
대표팀의 주역들 모두 이 노래들을 늘 기억하고 있다.
레이나가 보증인으로 나섰다. "세르히오는 센스가 있어요.
CD 꾸러미를 만드는 일을 했죠. 노래를 들으면 기억력도
굉장히 좋아져요. 전율도 느껴지고요."

세 번째 테마는 "신의 손(La mano de Dios)"이라는 곡으로
아르헨티나 가수 로드리고 알레한드로 부에노가 불렀다.
축구 영웅 디에고 아르만도 마라도나를 위해 만든 곡이었다.

얼마 지나지 않아 첫 발을 내디뎠다.
마라도, 마라도
12번째 선수들이 합창했다.
마라도, 마라도
그의 꿈은 별 하나를 갖는 것.
골과 드리블 그리고 온 마을이 노래하는 것
마라도, 마라도,
신의 손에서 태어났다.
마라도, 마라도
마을에 즐거움의 씨앗을 뿌렸고
그 땅에서 영광이 자랐다.

노래가 울릴 때마다 모두들 마라도나라는 애칭으로 불리는
루벤 데 라 레드를 바라보며 손가락으로 찔러댔다.
"레알마드리드에서 함께 뛰던 시절 레예스가 절 그렇게
부르기 시작했어요. 아마 제가 어느 날 굉장히 좋은
플레이를 펼치자 그렇게 좋은 별명을 붙여준 것 같아요.
애정을 담아 부르는 별명이고, 좋은 일이라고 생각했기
때문에 신경 쓰이지 않았어요." '신의 손'은 합숙 기간에
굉장히 많이 들은 노래 중 하나다. "우리는 웃으면서
응원가를 불렀어요. 루벤을 향해 노래했죠. 우리는 그를
굉장히 사랑하거든요. 그는 환상적인 사람이에요. 하지만
계속해서 그 녀석을 찔렀는데 어떻게 참았는지 모르겠어요."

후아니토가 말했다.
"저도 다른 이들과 마찬가지로 노래를 불렀어요. 굉장히
많은 애정을 느꼈죠. 그리고 굉장히 힘이 됐어요."
데라레드 자신이 보증했다.
마치 귀신이라도 그를 따르는 듯 음악은 오스트리아에
머물던 대표팀의 하루하루, 그리고 온종일 함께 했다. 스페인
대표팀의 버스 운전수였던 '오벨릭스'(만화 〈아스테릭스〉에
나오는 캐릭터로 오스트리아 운전 기사와 굉장히 닮아서
그렇게 불렸다)도 따로 부탁을 하기도 전에 미리 CD를
틀어주었다.
"과정을 살펴보면 굉장히 흥미로워요. 처음엔 그저 노래를
듣기만 했는데 마지막에 가서는 모두가 다같이 노래를
부르고 있더라고요. 그리고 경기를 마치고 호텔로 돌아올 때
쯤에는 모두들 방방 뛰어다니고 있죠." 푸욜이 말했다. "우리
모두 머리 속에 노래가 완전히 자리를 잡았어요. 뇌리에
노래 가사와 리듬이 새겨졌죠." 아르벨로아도 확실하게
기억하고 있었다.
"전 그 녀석들이 운전 기사도 같이 부르게 하려고 노래를
하는구나'라는 생각을 했어요. 굉장히 이해하기 쉬운 리듬인
데다 입에 잘 붙는 곡이었죠. 물론 전 부를 수 없어요.
그런 면으로 좀 부족해서요." 아라고네스가 말했다.
대표팀을 위한 음악 리스트에서 다비드 비스발을 빼놓을 수
없다. 쿨레(Cule, 바르셀로나 팬을 뜻하는 애칭)였음에도
불구하고 알메리아 지역 출신인 가수 비스발은 라모스의
친구다. 그는 리한나와 함께 'Hate that I love you'를
부르기도 했다. 국제적으로도 인지도가 높은 가수다.
그렇다고 해서 그의 노래를 모든 이들이 다 좋아하는 것은
어려운 일이었다. 그래서 디스크의 트랙 리스트가
넘어갈수록 노래에 대한 선수들의 호응은 줄어들었다.
일부 그의 동료들은 라모스와 가볍게 충돌하기도 했다.
"몇몇 가수들의 노래가 계속해서 나왔어요. 수준도
떨어졌죠. 그에게 남아공 대회를 위한 디스크에는 더 다양한
곡을 많이 골라와야 할 거라고 말했어요. 분석해보면 단지
초반에 나온 노래들만 좋았던 것 같아요." 라모스의 절친
후아니토가 솔직하게 털어놨다.
"나중에는 그 노래들과 우리가 동일시되는 것 같았어요.
제가 좋아하는 스타일의 노래는 아니었지 그 순간에는
참 즐거웠어요. 잘 맞았다고 할 수 있죠. 하지만 차를 타고
다닐 때나 혼자 있을 때는 듣지 않아요." 사비 알론소 역시
자신의 취향과는 달랐다고 이야기했다.

12 TRACK LIST

by DJ SERGIO RAMOS

Por ti daría
Hanna

Say it right
Nelly Furtado

Suave
Juan Magan

Otra noche
Don Omar

Pecho a pechuga
Fulanito

So cunfused
Raghav

Quitemonos la ropa
Alexandre Pires

Because of you
Ne-Yo

Baby love
Nicole Scherzynger

Keep Bleeding
Leona Lewis

Rehab
Amy Winehouse

Ay, Dios
Franco Devita

앞 페이지에 실린 목록은 라모스가 만들었던 CD에 수록된
12곡의 트랙 리스트다.

디스크의 스타일은 굉장히 다양했다. 넬리 푸르타도나
에이미 와인하우스처럼 세계적으로 잘 알려진 이들의
노래도 있었지만 '가슴에서 닭가슴으로(Pecho a pechuga)'
처럼 닭 울음소리를 모사한 낯선 노래도 있었다.
디스코 클럽에서 즐겨 트는 춤을 부르는 노래, 라틴
리듬이 강렬한 노래들도 빠지지 않았다. 모두에게 공통으로
즐거움이 전염됐고, 이것이 스페인 대표팀의 공동체 의식을
강화시켜주었다.
마르코스 세나와 같은 선수들은 DJ 라모스가 만든 편집
앨범을 소장할 수 있는지 협회 직원 실비아 도르스츠네로바
에게 물었다. 모든 것을 추억으로 남기고 싶었기 때문이다.
"그 디스크 앨범이 우리를 단단하게 뭉치게 도와줬죠.
유로 대회 기간 내내 거의 매일 같이 들었어요. 세르히오는
매번 테마를 구성할 때마다 우리에게 어떤 음악을
좋아하는지 물었고, 우리는 그에게 의견을 냈어요. 여하튼
우리가 모든 노래를 전부 다 좋아했던 것은 아니지만,
노래를 듣는다는 기본적인 부분에 있어서는 모두들 완전히
적응한 채로 대회를 마쳤죠."
델보스케 감독 역시 이러한 전통을 바꾸겠다는 생각을 하지
않았다. 그리고 라커룸에서나 대표팀 버스를 타고 이동하는
시간에 선수들과 노래를 듣는 것이 불편하지 않다고 말했다.

"그들다운 부분이죠. 내가 문제 삼을 부분은 아닙니다."

델보스케 감독은 시대가 변했다는 것을 받아들였다.
그가 축구선수로 뛰던 시절에는 감독들이 매우 엄격했다.
"전에는 핸드폰이나 아이팟을 사용할 수 없었어요. 하지만
전 밀리안 밀리야치가 우리에게 경기 전에 했던 이야기에
어느 정도 동의합니다. "아무 말도 하지 말라, 아무 말도
하지 말라". 우리는 의무적으로 침묵을 유지해야 했고
신문을 읽는 것도 금지됐어요. 그는 경기를 준비하기 위해
집중하는 것에는 침묵이 좋은 방법이라고 생각했죠.
하지만 전 음악을 통해서도 그런 집중력을 가질 수 있다고
생각해요. 감독이 그런 것을 방해해선 안되죠."
지금 스페인 대표팀에서 노래를 듣는 일은 가슴 깊숙한 곳에
뿌리를 내렸다. 대표팀 직원들은 라모스가 스피커를 잊고
빠트리고 왔을 경우에 이를 사야 할 정도가 됐다.
세르히오는 자신이 대표팀 음악을 결정하는 '독재자'가
되기를 바라지는 않았다. 그는 남아공 월드컵 기간 중에
다른 동료 선수들이 좋아하는 노래를 새로운 디스크에
넣자는 제안을 기꺼이 반겼다. "모두가 합숙에 합류하지
않을 때까지 우리는 어떤 음악을 넣을지 결정하지 않았어요.
요즘 굉장히 좋아하는 노래는 알레한드로 산스와 알리시아
키스가 부른 'Looking for paradise'라는 곡입니다."
새로운 디스크를 기다리고 있는 가운데 아마 새로운
응원곡으로 쓰일 노래로 가장 적합하게 여겨지고 있는 것은
블랙 아이드 피스의 'I got a feeling'이다. 남아공 월드컵
전야제 기간과 레알마드리드와 비야레알의 선수단
탈의실에서 정말 엄청나게 많이 재생된 곡이다.
카시야스, 알론소, 알비올, 아르벨로아와 그의 동료 선수들은

이 노래와 이나의 'Hot'을 경기장으로 가는 길 내내 버스에서 들었다. 그리고 선수들은 노래가 준 은혜를 갚았다. 두 곡은 레알마드리드의 부적과도 같이 여겨졌다. 캄데빌라, 카소를라, 세나, 디에고 로페스 등은 핏불의 'I know you want me'를 굉장히 좋아했다.

또 다른 대표팀의 음악 마니아는 피케다. 그는 매번 경기 전에 커다란 헤드폰을 쓰고 노래를 듣는 일을 하는 것에 익숙해져 있다. 피케는 이렇게 제안하고 나섰다.

"세르히오에게 데이비드 게타의 노래를 좀 추가해달라고 말할 거예요."

하지만 그 노래는 모든 선수들을 만족시키기에는 좀 어려울 것 같다.

이때의 경험 이후 스페인 대표 팀의 주장 세르히오 라모스가 팀 내의 응원단장도 자처하고 있다. 2018년 러시아 월드컵에 나설 스페인 대표 팀의 공식 응원가의 가사를 직접 쓰고, 노래까지 불렀다. 라모스는 대회 개막을 앞둔 6월 2일 스페인 대표 팀 응원가 '당신 가슴의 또다른 별(Otra estrella en tu corazon)'을 발표했다. 워너뮤직스페인에서 제작했다. 라모스는 스페인의 유명 퓨전 플라멩코 뮤지션 데마르코 플라멩코와 함께 작업했다. 라모스는 공동 작사를 했고, 직접 노래를 부르고 춤도 췄다. 음악에 남다른 관심을 갖고 있는 것으로 알려진 라모스는 랩 앨범을 내기도 했다. 2010년 남아공 월드컵 당시 스페인 대표 팀 라커룸의 디제이를 맡았던 것으로 유명한 라모스는 유로 2016 대회 당시에도 "라 로하와 춤추자(붉은 색을 뜻하는 '라로하'는 스페인 대표팀의 애칭이다)"라는 제목의 노래를 발표한 바 있다.

그러나 라모스가 스페인 대표팀에서 발휘한 리더십이 오직 DJ로 흥을 돋우는 오락 부장에 그쳤던 것은 아니다. 디아스 기자가 라모스가 주장으로 스페인 대표팀에서 어떤 역할을 해왔는지, 숨은 이야기를 전한다.

"카시야스와 차비가 국가대표팀에 더 이상 정기적으로 선발되지 않게 되자, 주장 완장은 라모스의 팔에 영구히 내려졌습니다. 그의 많은 책임 중 하나는 우승 시 팀이 받아야 할 보너스를 연맹 회장과 협상하는 것입니다. 게다가, 25,000 유로 이상의 가치가 있는 고급 시계를 예선 단계에서 적어도 한 번은 소집된 축구 선수에게 주는 전통이 유지되었습니다. 앙헬 마리아 비야르는 2017년 7월 스페인축구협회장직을 떠날 때까지 이 관습을 유지했습니다. 그의 후계자인 루이스 루비알레스는 2018 러시아 월드컵의 문전에서 이 상을 없애고 싶어했습니다. 하지만, 라모스를 지휘하는 주장들은 굴복하지 않고 신임 회장을 설득하는 것을 끝냈습니다. 올 여름 루비알레스는 결국 빠져나갔고 시계는 확실히 끝났어요. 유로 2020에 라모스가 빠진 것도 많은 영향을 미쳤을 겁니다. 부스케츠와 조르디 알바가 나쁜 지휘관인 것은 아니지만, 그들이 전임자와 같은 계급이 없다는 것은 의심의 여지가 없습니다."

인간 라모스

Wife
아내, 필라루 루비오

라모스는 2012년 9월부터 스페인의 모델이자, 배우, 방송인인 필라르 루비오와 연인 관계였다. 유로 2012 대회 우승 직후 우승 파티에서 만났다. 2013년 FIFA 발롱도르 시상식에 함께 참석해 연인 관계를 공식화했다.

필라르는 2006년부터 2010년 사이 방영된 인기 코미디 쇼를 통해 명성을 높였고 암스텔, 현대, 카날플러스 등 유력 브랜드 광고 모델로도 활약했다. 2008년에는 남성지 FHM이 선정한 스페인에서 가장 섹시한 100인의 여성 리스트에 이름을 올리기도 했다.

슬하에 네 명의 아이를 두고 있는 라모스 부부는 만남 2년 만인 2014년 5월 6일 첫 아이를 출산했고, 2015년 11월 27일에 둘째 아이까지 출산하며 사실상 부부 관계가 됐다. 2018년 7월 16일에는 셋째가 태어나 다복한 가정이 됐다. 2019년 6월 15일 라모스의 고향 세비야에서 결혼식을 올려 부부의 연을 맺었다.

라모스와 결혼 이후에도 스페인 방송계 최고 스타로 활동 중인 필라르는 2014년부터 스페인 지상파 방송사 안테나3에서 토크쇼 〈엘 오르미게로(El Hormiguero)〉의 콜라보레이터로 출연 중이다. 매 회마다 새로운 미션을 수행하는 프로그램을 통해 다양한 도전에 나서 라모스를 닮은 열정을 보여주기도 했다.

Family

라모스 패밀리

라모스는 형 레네 라모스가 운영하고 있는 RR 사커 매니지먼트 에이전시와 계약되어 있다. 경력 내내 자신을 후원한 아버지, 형 레네와 사업적인 모든 것을 공유한다. 레네가 운영하는 RR 사커 매니지먼트 에이전시에는 현재 라모스 외에도 세비야 미드필더 오스카 로드리게스, 그라나다 미드필더 루이스 미야, 레가네스 윙어 호세 아르나이스 등이 소속되어 있다. 물론 라모스를 통한 사업과 수익이 절대적인 비중을 차지한다.

Tattoo
타투, 라모스가 몸과 마음에 새긴 메시지

라모스는 현재까지 알려진 바에 따르면 무려 42개의 문신을 몸에 새겼다. 문신은 그 사람의 철학과 가치관, 인생을 표현하는 패션 이상의 요소다. 라모스의 몸에는 그의 역사가 타투로 새겨져 있다고 해도 과언이 아니다.

라모스는 독실한 크리스천이다. 예수와 성모 마리아, 다윗의 별을 왼쪽 팔 삼두근에 새겼다. 이는 할머니 네나를 기리기 위한 문신이다. 할머니 네나가 어머니 호세 마리아에게 유품으로 남긴 펜던트에 새겨진 그림을 그대로 문신으로 새긴 것이다.

조국애가 강한 라모스는 스페인 지도를 몸에 새기고 있다. 그리고 자신의 최대 업적을 두 다리에 새겼다. 라모스의 양쪽 다리 종아리에는 그가 들어올린 최고의 트로피인 챔피언스리그 우승컵 '빅이어'와 월드컵 우승컵이 각각 새겨졌다. 그의 왼쪽 종아리에 새겨진 빅이어 트로피 위에는 리스본 2014, 밀라노 2016, 카디프 2017, 키예프 2018 등 챔피언스리그 결승전 장소와 우승 년도가 함께 쓰여 있다.

평상시 가장 잘 드러나는 목 뒤에는 단검에 찔린 심장 그림과 함께 'A lion never loses sleep over the opinion on sheeps'라는 문구를 썼다. 사자들은 양들의 의견 때문에 자신의 잠을 설치지 않는다는 뜻이다. 즉, 그를 향한 언론 혹은 대중, 안티 팬의 비판 혹은 비난에 흔들리지 않겠다는 다짐을 표현한 것이다.

귀 뒤편에 새긴 한자어 이리 '랑狼'은 라모스의 이름 이니셜 SR과 비슷하게 보인다는 이유로 새겼다. 등 오른편에는 14살때 가장 먼저 새겼던 고블린 문신을 늑대의 달 아래 울부짖는 늑대의 이미지, 그리고 늑대의 얼굴을 그림으로 크게 그렸다. 이러한 이유로 라모스는 늑대를 가장 좋아하는 동물로 꼽는다.

라모스는 스스로 늑대이자 사자라고 생각한다. 등 왼쪽에 아프리카 초원 위의 사자를 그렸다. 목 뒤의 문구처럼 자신을 사자로 비유했다.

> **평생을 피치 위에서 싸웠고, 항상 굶주렸다.**
> **맹렬하게 살았다. 평생을 사냥하는 것이 사자의 운명이며, 곧 나의 길이다.**

사자와 늑대 사이의 등 한가운데에는 악몽을 막고 좋은 꿈을 꾸게 해주는 드림캐쳐를 그려 넣었다. 드림캐쳐 중앙에 자신의 이니셜 SR을 새겼다. 드림캐쳐의 양 옆에는 "Only those who went hungry with me and stood by me will eat at my table. — 나와 허기를 함께 나눈 사람만이 나와 함께 만찬을 하리라."라는 문구를 새겨 가족과 동료들에 대한 애정을 담았다.

오른쪽 어깨에는 스페인의 왕관을 새겼고, 그 아래 아랍 지역에서 부적의 의미로 사용한 함사를 그려 넣었다. 왼쪽 팔 안쪽에는 어머니 호세 마리아의 이니셜 JM과 아버지의 별명 파키의 첫 이니셜 P, 로마 숫자 7을 새겼다. 행운의 숫자다. 위에 새긴 문구는 영화 〈반지의 제왕〉에 등장하는 엘프어로 "나는 당신을 영원히 잊지 않겠습니다"라는 의미이다. 부모님에 대한 사랑을 표현했다. 왼쪽 팔 바깥 쪽에는 어머니와 동생의 초상화를 새겼다.

왼손 등 위에는 장미 문신을 새겼고, 첫째 아들 마르코의 이름과 함께 마르코가 태어난 2015년 11월 14일을 새겨 넣었다. 가슴 위에는 넷째 아들 아드리아노의 이름을 새겼다. 그의 오른발에는 아내 이름 루비오, 왼손에는 아버지의 별명 파키를 새겼다.

왼손 각 손가락 위에 붉은 색으로 새긴 숫자 35, 90, 32, 19는 세비야 데뷔전에 달았던 등번호와 2013-14시즌 챔피언스리그 결승전에서 득점한 시간, 세비야에서 두 번째 시즌에 단 등번호와 스페인 대표팀 데뷔전에 단 등번호다.

팔 이두박근에 9/11과 3/11이라고 새긴 것은 미국에서 발생한 9.11 테러와 마드리드에서 발생한 열차 폭탄 테러 사건이 벌어진 날이다. 세비야 소속으로 경기 중 심장 마비로 사망한 동료이자 친구 안토니오 푸에르타를 기리는 문신도 새겼다.

04

끝나지 않은 도전

MIGUEL ÁNGEL DÍAZ

대회 창설 60주년을 맞아 유럽 11개국에서 분산 개최하기로 한 유로 2020 대회는
코로나19 팬데믹으로 인해 2021년 여름으로 연기되어 열렸다. 유로 2020 예선전에서
4골을 넣은 주전 수비수이자 주장 세르히오 라모스가 이 대회 최종 엔트리에 들지
못할 것이라고는, 그가 부상에 신음하던 2021년 초에도 예상할 수 없었다.
라모스는 결국 돌아와 스페인 대표팀의 중심에 있을 줄 알았다. 20경기만 더 뛰면
누구도 이루지 못한 200회 A매치 경기 출전이라는 금자탑을 세울 수 있는 라모스의
스페인 대표 경력은 이대로 끝나는 것일까? 대체 2021년 여름 라모스에겐 무슨 일이
있었던 것일까? 레알마드리드를 떠나야 했던 일만큼이나 충격적이었던 유로 2020
명단 탈락 배경에는 이런 일들이 있었음을 미겔 앙헬 디아스 기자가 전한다.

당시 스페인에서는 그 한 주가 정말 떠들썩했습니다. 루이스 엔리케 감독이
발표한 스페인 대표팀 명단에 세르히오 라모스가 들지 못했죠. 라모스는
180경기로 유럽에서 가장 많은 국제 경기를 치른 선수입니다. A매치 출전 세계
기록에 도달한 크리스티아누 호날두보다 고작 몇 경기 적은 수입니다. 게다가
라모스는 2006년부터 스페인 대표팀의 모든 본선 대회에 참가한 선수죠.
사실 2021년은 라모스에게도 평범하지 않은 해였습니다. 레알마드리드에서
고작 5경기에 출전했죠. 더군다나 그중 3경기만을 풀타임 출장했습니다.
레알마드리드가 첼시에게 졌을 때 런던에서 보여준 마지막 모습은 거의 걸어
다니는 것 같았죠. 루이스 엔리케의 명단에 레알마드리드의 선수가 단 한 명도
없어 논란이 일기도 했습니다.
그는 라모스와 카르바할이 좋은 모습만 보여준다면 명단에 들어갈 것이라고
했습니다만, 부상 때문에 둘 중 누구도 명단에 들지 못했습니다. 정말 좋은 시즌을
보낸 나초가 없다는 사실도 놀랍습니다. 명단에 들만 했던 것 같은데요.
그는 잉글랜드 전에서 엔리케 감독의 신뢰를 잃은 것 같습니다. 해리 케인 등
공격수를 막는 부분에서 나초는 엔리케 감독의 마음에 들지 않은 듯했어요.
그 후 나초는 다시 부름을 받지 못했습니다.
마르코 아센시오도 기대를 모았지만 딱히 엄청난 모습을 보여주지는 못하고
명단에서 제외되었습니다. 루카스 바스케스도 선발이 기대되었으나 부상에서

돌아오지 못했습니다. 엔리케 감독은 엔트리에 선발되는 24명 모두 아프거나 불편함이 없어 첫날부터 훈련을 모두 소화할 수 있는 선수들만으로 구성하기로 결정했기 때문에 회복 가능성이 있다고 여겨진 선수들 모두 선발되지 못했습니다.

스페인에서 모두가 유로 2020 엔트리에서의 세르히오 라모스가 빠진 것에 의문을 가지고 있습니다.

레알마드리드의 입장에 따르면 5월 18일, 루이스 엔리케가 엔트리를 선발하기 6일 전에 스페인 축구 협회 측에서 레알마드리드에 세르히오 라모스의 상태에 대해 물었고 레알마드리드는 선발되기 충분한 괜찮은 상태라고 전달했다고 합니다. 레알마드리드 측은 엔리케 감독의 결정이 의료적인 판단에 의한 것이 아닌 다른 이유에 의한 것이라고 합니다. 다른 개인적인 이유일 수도 있는 것이죠. 스페인 축구 협회 측의 입장은 레알마드리드 측의 입장과 딱 맞아떨어지지 않습니다. 협회 의료진에 따르면 5월 18일이 되기 며칠 전, 15~17일경에 라모스의 상태를 물었으나 레알마드리드 의료진 측으로부터는 18일 전까지는 답변이 오지 않았다고 합니다. 18일에서야 레알마드리드 측은 라모스가 비야레알 전에 몇 분간 출장할 것이라고 했고 그것은 사실이 아니었죠. 라모스는 경기 명단에는 들었지만 단 1분도 뛰지 않았습니다.

루이스 엔리케는 기사가 나지 않도록 그날 밤에 세르히오 라모스에게 전화를 걸었고, 그 다음날 라모스를 명단에서 제외시켰죠. 루이스 엔리케와 세르히오 라모스의 관계는 3월 전까지는 나쁘지 않았습니다. 당시 라모스는 팀에서 엘체, 아탈란타와의 두 경기 모두 풀타임을 소화하지 못했죠. 엔리케가 라모스를 발탁해 처음 45분을 뛰었지만 코치의 기술적 결정에 의해 후반전 단 1분도 뛰지 못했고 코소보 전에서야 체면을 위해 마지막 5분 정도 투입되었죠.

경기 후 동료들과 조깅 및 스프린트를 조금 더 했고 와중에
종아리 부상을 당했습니다. 그 후 대표팀 주장과 감독의
사이가 차가워졌을 가능성이 있습니다.

둘은 대화도 별로 나누지 않았습니다. 레알마드리드와
세비야의 경기 날처럼 서로 보기는 했습니다.

루이스 엔리케는 특별석에 있었고 라모스는 부상으로 인해
관중석에 있었죠. 서로 말을 섞긴 했습니다만 엔리케가
라모스의 부상 경과에 대해 질문 몇 개를 던진 것뿐이었죠.
머릿속에 있는 생각을 털어놓지는 않았습니다.

그리고 엔트리 발표 전날이자 레알마드리드와 비야레알의
경기 날, 엔리케 감독은 라모스에게 명단 탈락을
통보했습니다. 아마 지난 3월 세르히오 라모스의 몸 상태가
루이스 엔리케 감독의 마음에 안 들었고 그때부터 에메릭
라포르트의 스페인 국적 취득이 급속도로 진행되었을 수도
있습니다. 몇 년 전, 로페테기 감독 시절부터 라포르트를

스페인으로 귀화시키려고 하긴 했습니다만 당시 프랑스
대표팀 감독의 생각과 달랐습니다. 그리고 지금 라포르트는
스페인에서의 창창한 미래가 기다리고 있습니다.

지금 가장 큰 미지수는 2022 카타르 월드컵에서는 어떻게
될지입니다. 라모스는 2021년에 35세의 나이에 유로 대회를
못 뛰게 됐죠. 당연히 지금 시점에, 이런 식으로 스페인
대표팀에서 은퇴를 하고 싶지는 않을 겁니다.

카타르 월드컵에서 세계 기록을 깨고 싶을 겁니다. 호날두가
이미 라모스를 앞질렀죠. 라모스 본인은 유로 2020에
나가지 못했으나 스페인 대표팀에 계속 잔류하고
싶을 겁니다. 카타르 월드컵까지 계약이 되어있는 루이스
엔리케 감독 체제에서 라모스가 앞으로 더 출전할 가능성이
있는지, 아니면 벌써 대표팀 마지막 경기를 치른 것인지는
더 지켜봐야 합니다.

스페인대표팀
센터백 계보

흔히 스페인 축구의 강점은 미드필드에 있다고 여겨지지만,
유로와 월드컵 무대에서의 선전에는 늘 견고한 수비가 그 바탕에 있었다.
유로 1964 우승부터 유로 2020 4강까지 스페인의 방어선을 구축했던
수비진과 그 중심에 있었던 선수들을 알아본다.

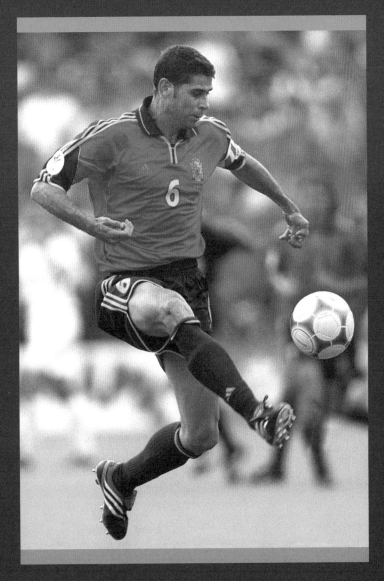

Fernando Hierro

페르난도
이에로

BIRTH
1968년 3월 23일

CLUB
바야돌리드 *1987~1989*
레알마드리드 *1989~2003*
알라얀 *2003~2004*
볼턴 원더러스 *2004~2005*

NATIONAL TEAM
89경기 29득점

말라가에서 태어나 바야돌리드에서 프로 선수가 된 이에로는 189센티미터의 신장에 힘과 높이를 갖춘 것은 물론 공을 다루는 기술과 득점 능력을 갖춘 현대적인 수비수였다. 센터백과 수비형 미드필더 포지션을 오가며 스페인 최고의 선수 중 하나로 평가 받은 이에로는 1989년 레알마드리드 입단 첫 시즌과 둘째 시즌에 내리 7골을 넣었고, 1991-92시즌에는 라리가 37경기에서 21골을 몰아치며 공격 옵션으로 중용되기도 했다. 1993-94시즌까지 내리 3시즌 연속 두 자릿수 득점을 기록한 이에로는 레알마드리드 통산 610경기에서 127골을 넣은 전천후 선수이며, 스페인 대표팀 1994 미국 월드컵 스위스전, 1998 프랑스 월드컵 나이지리아전, 2002 한일 월드컵 슬로베니아전과 파라과이전 등 3개 대회에서 모두 득점했다. 다섯 번의 라리가 우승과 세 번의 UEFA 챔피언스리그 우승을 이룬 이에로는 라모스 이전 레알 최고의 4번이자 주장이었다.

159

EURO 1964
유로 1964 우승

EURO 1984
유로 1984 준우승

EURO 2008
유로 2008 우승

카에하 – 올리베아 – 리비아　　　카마초 – 가에고 – 실바 – 우르키아가　　　조안 칼데빌라 – 푸욜 – 마르체나 – 라모스

Carles Puyol

카를레스
푸욜

BIRTH
1978년 4월 13일

CLUB
바르셀로나 *1999~2014*

NATIONAL TEAM
100경기 3득점

스페인 카탈루냐 지방의 예이다에서 태어난 푸욜은 바르셀로나의 영원한 주장이며 심장이다. 바르셀로나 유소년 팀에서 성장해 오직 바르셀로나에서만 현역 생활을 보낸 원클럽맨. 축구 역사상 최고의 센터백 중 한 명으로 꼽히지만 라모스처럼 프로 경력 초기에는 측면 공격 가담 능력도 겸비한 라이트백이었다. 프로 데뷔 시즌에는 수비형 미드필더로 뛰기도 했고, 유소년 선수 시절에는 공격수로 뛴 경험도 있다. 강철같은 대인 방어 능력과 빠른 발, 공격 전개력도 좋지만 무엇보다 경기 내내 평정심을 잃지 않고, 어떤 상황에도 침착하게 대응하는 리더십이 일품이다. 2010년 바르셀로나에서 6번의 라리가 우승 및 세 번의 챔피언스리그 우승을 이뤘고, 스페인 대표팀 은퇴 무대였던 2010 남아공 월드컵에서 센추리 클럽에 가입했다. 독일과 준결승전 결정적 헤더 득점으로 공수 양면에 걸쳐 스페인 우승의 핵심 역할을 했다.

조안 칸데빌라 - 푸욜 - 피케 - 라모스   조르디 알바 - 라포르트 - 가르시아 - 아스필리쿠에타

Aymeric Laporte

에메릭
라포르트

BIRTH
1994년 5월 27일

CLUB
아틀레틱 빌바오 *2012~2018*
맨체스터시티 *2018~현재*

NATIONAL TEAM
14경기 1득점

프랑스 내 바스크 민족 거주지역인 아키텐 출신이다. 남쪽으로 스페인가 국경을 접하고 있어 스페인 북부 바스크 순혈주의 클럽 아틀레틱 빌바오로 유소년 시절 스카우트됐다. 2012년 빌바오 1군 팀 선수로 올라선 이후 마르셀로 비엘사 감독의 조련 속에 높이와 힘은 물론 전술적으로도 뛰어난 수비수로 진화했고, 2018년 펩 과르디올라 감독의 부름에 맨체스터시티로 이적했다. 본래 프랑스 연령별 대표팀에서 활동했고, 성인 대표팀의 부름을 받기도 했으나 A매치 데뷔전을 치르지 못했다. 프랑스 내 치열한 주전 경쟁 속에 스페인 시민권도 갖고 있던 라포르트는 유로 2020 대회를 앞두고 세르히오 라모스가 부상을 입어 대체 자원이 절실했던 루이스 엔리케 감독의 권유에 스페인 대표팀으로 귀화를 택했다. 왼발 패스 능력이 탁월하며, 오른쪽 센터백 위치도 무난히 소화하는 등 현대 축구의 이상적인 수비수다. 이에로, 푸욜, 라모스 등과 달리 정통 센터백이며, 세트피스 상황 헤더 득점 능력이 뛰어나 유로 2020에서 슬로바키아를 상대로 득점했다.

· 최다 출전 선수

1.	세르히오 **라모스** (2005~현재)	23골	**180**경기
2.	이케르 **카시야스** (2000~2016)	94클린시트	**167**경기
3.	차비 **에르난데스** (2000~2014)	13골	**133**경기
	세르히오 **부스케츠** (2009~현재)	2골	**133**경기
5.	안드레스 **이니에스타** (2006~2018)	13골	**131**경기

· 최다 득점 선수

1.	다비드 **비야** (2005~2017)	경기당 **0.61**골 / **98**경기	**59**골
2.	리울 **곤살레스** (2006~2018)	경기당 **0.43**골 / **102**경기	**44**골
3.	페르난도 **토레스** (2003~2014)	경기당 **0.35**골 / **111**경기	**39**골
4.	다비드 **실바** (2006~2018)	경기당 **0.28**골 / **125**경기	**35**골
5.	페르난도 **이에로** (1989~2002)	경기당 **0.33**골 / **89**경기	**29**골
	페르난도 **모리엔테스** (1998~2007)	경기당 **0.33**골 / **89**경기	**29**골
7.	에밀리오 **부트라게뇨** (1984~1992)	경기당 **0.38**골 / **69**경기	**26**골
8.	알프레도 **디 스테파노** (1957~1961)	경기당 **0.74**골 / **31**경기	**23**골
	알바로 **모라타** (2014~현재)	경기당 **0.46**골 / **50**경기	**23**골
	세르히오 **라모스** (2005~현재)	경기당 **0.13**골 / **180**경기	**23**골

기록으로 본 스페인 대표팀

· 최다 페널티킥 득점 선수

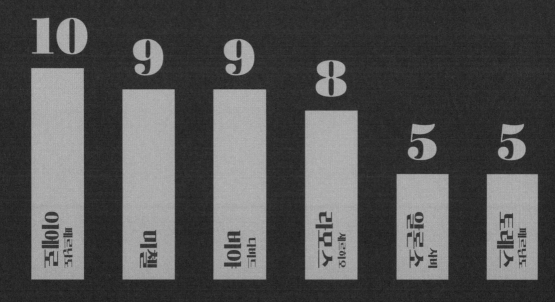

10 조비 알론소
9 미첼
9 라울
8 스페인 사르니엔토
5 알론소
5 조비 알론소

- -

· 최다 어시스트 선수

| 세스크 **파브레가스** (2006~2016) | **33** 도움 **110** 경기 |

| 다비드 **실바** (2006~2018) | **29** 도움 **125** 경기 |

| 안드레스 **이니에스타** (2006~2018) | **27** 도움 **131** 경기 |

| 차비 **에르난데스** (2000~2014) | **27** 도움 **133** 경기 |

라모스는 큰 경기 때마다 항상 해준다.
그는 절대 포기를 모르는 선수이다. 리더십 또한 훌륭하다.
그는 팀 내에서 엄청난 에너지와 영향력을 가진 선수다.
항상 팀에 동기 부여와 승부욕을 불어넣는다.
우리의 캡틴이자 늘 차이를 만드는 선수다.

지네딘 지단
전 레알마드리드 감독

난 라모스를 동경하고 존중한다.
우리 팀 외의 선수 중에서 수비수 한 명을 데려올 수 있다면 라모스를 데려오고 싶다.

디에고 시메오네
아틀레티코마드리드 감독

라모스가 세계 최고의 수비수이다.
다른 수비수들과는 차별화되는 퀄리티를 가지고 있다.
그는 풀백에서도 매우 훌륭하지만, 센터백으로 뛸 때가 더 강하다고 생각한다.
제공권이 유독 뛰어나고 발기술도 영리하다.
난 그라운드에서 강력한 정신력을 가지고 있는 선수들을 좋아한다.
그 예시 중 하나가 라모스다. 그는 챔피언처럼 플레이한다.

프랑코 바레시
전 이탈리아 국가대표 수비수

세르히오 라모스는 나의 축구적 후계자다.
그는 아주 빠르고 강력하며 훌륭한 기술까지 갖췄다.

파올로 말디니
전 이탈리아 국가대표 수비수

라모스는 진정한 리더다.
그는 선수들을 단결시킬 수 있는 선수다.
내게도 역시 꼭 필요한 유형의 선수다.

유프 하인케스
전 바이에른뮌헨 감독

PRAISES
FOR
SERGIO

라모스를 향한 박수

PRAISES
FOR
SERGIO

엘클라시코에서 경쟁했던 라모스와
한 팀에서 뛰게 된 것이 이상한 느낌인 것은 사실이다.
하지만 그와 동료가 되고 함께 해보니 정말 대단하다.
라모스는 우리의 목표를 이루기 위한 기반이 되는 선수다.

리오넬 메시
전 FC바르셀로나 선수, 현 PSG 동료

나는 절대로 라모스의 기술적인 능력이나 독창성을 가질 수 없을 것이다.
그는 세계 최고의 중앙 수비수이며 중요한 경기를 어떻게 끌고 나가야 하는지 안다.
그는 단지 경기에 뛰는 것만이 아니라,
동료들까지 플레이하게 만드는 선수이기 때문이다.
그게 굿 플레이어와 챔피언의 차이다.

조르조 키엘리니
이탈리아 국가대표 수비수

세르히오는 두 포지션에서 모두 잘할 수 있는 선수다.
하지만 솔직히 말하면, 그가 풀백으로 뛰는 게 더 좋다.
나에겐 기대할 수 없는 일이기 때문이다.

파비오 칸나바로
전 이탈리아 국가대표 주장, 전 레알마드리드 주장

라모스는 말디니가 가진 모든 것을 가진 선수다.
인성, 기술력, 경기장 안에서나 밖에서 모두 팀을 이끄는 능력까지.
지금까지 누구도 말디니와 비교될 수 없었다.
지금 이 순간 세르히오는 세계 최고의 수비수다.

카를로 안첼로티
레알마드리드 감독

사람들은 논쟁을 좋아하지만,
라모스는 의심의 여지없는 세계 최고의 센터백이다.
그는 모든 이에게 솔직하고 존중을 갖췄으며 어느 상대라도 두려워하지 않는다.
모든 마드리디스타들은 그를 존경하고 좋아한다.

이케르 카시야스
전 레알마드리드 주장

라모스가 말하는 라모스

축구로 살고, 축구를 위해 먹고, 축구를 위해 숨쉬지 않는다면
당신은 진짜 축구 선수가 아니다. 그저 유니폼을 입고 있을 뿐이지.

-

훌륭한 선수가 되기 위해선 축구에 진심으로 헌신해야 한다.
늘 겸손하게 최선을 다해 노력해야 한다.
너의 꿈을 위해 싸워야 한다.

-

겨우 1초의 시간만이 남았다고 하더라도, 거기엔 희망이 있다.
그게 우리가 가져야 하는 태도다.

-

자기 자신을 위해 싸우는 사람보다 다른 이들을 위해 싸우는 사람이 더 강하다.

-

레알의 주장이 된다는 것은 특권이다.
다양한 문화에서 온 훌륭한 선수단을 이끌어야 하는 책임이 있다.

-

우리의 플레이가 마음에 들지 않는다면 텔레비전을 꺼라.

-

차분해야 한다. 그리고 하나로 강하게 뭉쳐야 한다. 그게 성공의 열쇠다.

-

오른쪽에서 뛰든 중앙에서 뛰든 신경 안 쓴다. 감독의 신뢰가 필요할 뿐이다.

-

나는 항상 아침에 일어날 때마다 웃는다.
2005년에 레알마드리드에 입단한 이후 매일 그랬다.

-

레알마드리드와 작별하는 것은 그게 언제라도 준비되어 있을 수 없는 일이다.
꼭 다시 돌아오겠다.

-

난 언제나 골을 넣는 걸 좋아했다.
현대 축구에서 골을 넣을 수 있는 선수들이 높은 가치를 인정받는다.
야망을 가져야 하고, 과거에 머물러 있어서는 안 된다.

RAMOS ON RAMOS

EPÍLOGO

스페인과 레알마드리드의 이정표
El hito de España y Real Madrid

저는 항상 세르히오 라모스가 스페인 축구 역사상 가장
뛰어난 선수 중 한 명이 될 것이라고 생각했습니다.
페르난도 이에로가 예전에 "페라리" 라울 곤살레스가 그를
추월하는 기록을 그라운드에 남길 것이라고 확신했는데,
세르히오 라모스에 대해선 더욱 분명했죠.

하지만, 이 빌어먹을 2021년은 우리 모두를 춥게
만들었습니다. 카탈루냐 사람들이 메시를 그리워하는 것처럼,
마드리드 사람들은 등번호 4번을 달고 있는 선수가 라모스가
아니라는 것을 낯설게 여기고 있습니다.

라모스가 레알마드리드 3경기와 스페인 대표팀에서 2경기 등
겨우 5경기만 출전하게 될 것이라고는 연초에 어느 누구도
상상하지 못했습니다.

저는 라모스가 레알마드리드에서 은퇴할 될 줄 알았어요.
그가 너무 밧줄을 조였죠. 라모스는 2년간의 계약 연장을
요구했습니다. 플로렌티노 페레스 회장은 코로나19 팬데믹
이후 새로운 경제 파노라마와 30세 이상의 선수들의 경우
매년 갱신을 요구하는 불문율 사이에서 단 1년의 연장 계약만
제시했죠. 라모스의 대답이 늦었고 지난 16시즌 동안 뛰어온
팀을 떠나게 되었습니다.

라모스는 스페인 축구 역사에 이름을 남겼습니다. 우리가 그를
역대 최고로 여길 수 있을지 아닐지 말하기는 매우 어렵습니다.
하지만 저는 디 스테파노와 더불어 경기장 곳곳을 누비며
활약한 세르히오 라모스가 가장 완벽한 선수라고 생각합니다.
라모스는 레알마드리드에서 671경기를 뛰었고 101골을
넣었습니다. 정말 화가 났습니다. 라울 (741경기)과 카시야스
(725경기), 그리고 산치스 주니어 (710경기)만이 그보다
더 많은 경기에 출전했습니다. 수비수라는 점에서 그의
득점 기록이 눈길을 끕니다. 이반 사모라노는 4시즌 동안
그와 같은 골을 넣었죠. 호나우두는 라모스보다 1골 더 넣었고
현재 소속된 베일은 7시즌 동안 5골을 라모스보다 더 넣는 데

그쳤습니다.

라모스에 대해 읽을 수 있는 모든 통계 중 가장 잔인한 것은
다음과 같습니다. 레알마드리드를 취재한 24시즌 동안
제가 보관하고 있는 모든 수첩을 복습하면서 깨달았습니다.
저는 각 경기마다 축구선수들이 뛰는 포지션과 기록을
적습니다. 세르히오는 정말 대단합니다.

그가 레알마드리드에서 뛰었던 671경기 중, 667경기에
선발로 출전했습니다. 센터백으로 494.5경기, 라이트백으로
161.5경기, 레프트백으로 2경기, 미드필더로 13경기를
뛰었습니다. 그리고 이 통계에는 팀이 필요로 할 때
센터포워드로서 뛰었던 시간들은 포함되어 있지 않습니다.

제가 세르히오에 대해 가장 주목한 것은 그의 무한한 야망과
그의 직업에 대해 느끼는 열정입니다. 어려운 것은 도달하는 게
아닙니다. 그 자리에 오래 머무르는 것입니다. 매일 아침,
춥거나 비가 오거나 더울 때 일어나서 그의 모든 감독들
아래서 논쟁의 여지가 없도록 열심히 훈련하고, 마치 그것이
그의 인생의 마지막인 것처럼 한 경기를 더하고, 꿈 기록에
타이틀을 추가하려고 노력했습니다.

하메스 로드리게스가 카타르의 알 라얀 SC와 계약한다는
사실을 알았을 때, 전 머리에 손을 얹었습니다.
콜롬비아 미드필더 하메스 같은 왼발잡이 선수는 산티아고
베르나베우에서 거의 본 적이 없었죠. 하지만 최고 무대에서
뛰고자 하는 그의 야망은 한동안 보류되어 있었고 그는 돈에
압도당했습니다. 정말 안타까운 일입니다.

피리는 1964년부터 1980년까지 16시즌을 활약한 최고의
베테랑입니다. 위계 질서와 더불어 퀄리티의 측면에서 피리에
대적할 수 있는 유일한 선수는 세르히오 라모스뿐이라고
이야기합니다. 라모스에 앞서 페르난도 이에로(1989-2003)가
주장이자 센터백으로 세 번의 챔피언스리그 우승을 이뤘던
레전드입니다.

MIGUEL ÁNGEL DÍAZ *Special Contribution*

전 세계에서 누구보다 오래, 그리고 많이
세르히오 라모스를 만나고 취재한 디아스 기자가
축구사에서 라모스가 갖는 의미를 설명한다.

세르히오는 이니에스타, 피케, 사비, 제라르드 피케, 카시야스, 티아고 알칸타라, 하비 마르티네스에 이어 스페인 축구 역사상 8번째로 많은 타이틀을 거머쥐었습니다. 이밖에 헨토(6회), 디 스테파노, 후안 알론소, 마르키토스, 라파엘 레스메스, 호세 마리아 사르라가(5회)만이 챔피언스리그에서 그보다 많이 우승했어요. 네 번 우승한 기록은 그와 같은 6명의 스페인 선수 (이니에스타, 사비, 피케, 카르바할, 이스코, 나초)가 함께 보유하고 있습니다.

경기장에서, 세르히오는 항상 리더였습니다. 그는 숨은 적이 없습니다. 푸욜의 은퇴 후 레알마드리드의 펠레그리니와 대표팀의 델 보스케가 풀백으로 뛰던 라모스를 수비의 중심에 세웠죠. 그는 누구와도 달리 공을 받아 체격과 용맹함으로 영역을 표시했고, 산티야나처럼 달려들었고, 파울을 하고 페널티킥을 성공시켰습니다. 파넨카킥으로 넣은 골이 여러 개였습니다. 그가 지배하지 않은 것은 없습니다. 그는 스페인 대표팀 경기에서 아르벨로아가 골키퍼 퇴장 상황에 임시로 골키퍼를 맡았던 것처럼 나중에 골키퍼만 해보면 모든 걸 다 해본 선수가 되는 겁니다.

제가 푸욜을 흠모하는 것은 인정하지만, 그의 일부 자질, 특히 그의 기교는 라모스와 비교가 되지 않았다고 생각합니다. 푸욜은 타의 추종을 불허하는 정신적인 힘으로 모든 단점을 만회했습니다만, 솔직히 세르히오와 같은 수준으로 언급할 수 있는 센터백은 피케밖에 없는 것 같아요. 두 사람이 대표팀에서 맺은 조합은 잊을 수 없고 타의 추종을 불허합니다.

하지만 세르히오는 제라르드 피케에게는 없는 장점이 있습니다. 그는 피케처럼 4번의 챔피언을 차지했을 뿐만 아니라, 그 자신을 우상으로 만든 골도 넣었습니다. 라모스가 리스본에서 아틀레티코와의 2014 챔피언스리그 결승전에서 넣은 골은 레알마드리드의 역사입니다.

수비수 전설의 중심에는 베켄바우어, 파사렐라, 말디니가

있었습니다. 세르히오는 밀란에서 24시즌을 뛰며 25개의 우승컵을 든 파올로 말디니에 대한 존경심을 결코 숨기지 않았습니다. 이 이탈리아인은 스페인 축구에서 라모스의 등장과 봉헌을 분명히 보았죠.

"제 후계자는 세르히오 라모스가 될 것입니다. 그는 젊고, 빠르고, 강하고, 테크닉이 있습니다. 제가 그에게 조언하는 것은 결국 제가 하게 된 것처럼 중심적인 역할을 하라는 것입니다. 비결은 열심히 훈련하는 것입니다." 파올로가 보증했어요.

이탈리아의 키엘리니는 라모스에 대해 이렇게 말했습니다.

"라모스는 세계 최고의 수비수입니다. 때론 충동적이죠. 전술적이지 않을 수도 있어요. 매 시즌 8, 10골씩 실책으로 내주기도 하니까요. 하지만 보세요, 그는 저와 반대예요. 라모스에게는 거의 아무도 가지고 있지 않은 두 가지 특징이 있습니다. 그는 2018년 살라에게 거의 악마적인 기지를 발휘해 부상을 입힐 정도로, 어떤 논리도 뛰어넘는 개입으로 빅게임에서 결단력을 발휘하는 방법을 알고 있습니다. 게다가, 라모스가 존재만으로 전달하는 힘은 놀랍습니다. 라모스가 없다면, 바란, 카르바할, 마르셀루와 같은 몇몇 챔피언들은 그저 성실한 학생처럼 보일지도 모릅니다."

'할아버지'라는 별명으로 불리는 이탈리아 대표 수비수 키엘리니는 그가 무슨 말을 하는지 알고 있습니다. 세르히오는 전설이지만, 아직 마지막 페이지를 쓰지 않았습니다.

Sergio
Ramos

1ST PUBLISHED DATE 2022. 2. 11

AUTHOR Sunsoo Editors, HAN June, Miguel Ángel Díaz
PUBLISHER Hong Jungwoo
PUBLISHING Brainstore

EDITOR Kim Daniel, Cha Jongmoon, Park Hyerim
DESIGNER Champloo, Lee Yeseul
MARKETER Jang Minyoung
E-MAIL brainstore@chol.com
BLOG https://blog.naver.com/brain_store
FACEBOOK http://www.facebook.com/brainstorebooks
INSTAGRAM https://instagram.com/brainstore_publishing

ISBN 979-11-88073-87-0 (03690)

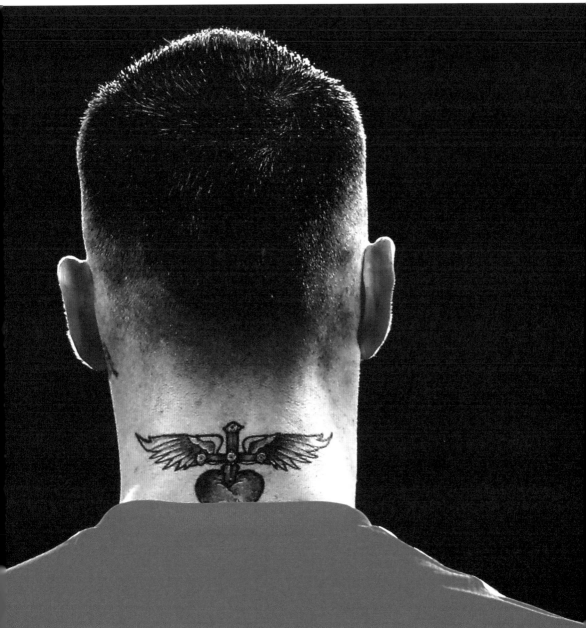

SERGIO RAMOS

하
청
호 시
집

나는
아직도
그리움을
떠나보내지
못했다

學而思 | 학이사

세 번째 시집을 엮는다
거의 반세기가 훌쩍 지나갔다
시를 생각할 때마다 아팠다
나는 아직도 그리움을
떠나보내지 못했다

2020년 초가을
하청호

차례

제2부

제3부

제4부

제 1 부

꽃잎에 베이다

봄날이네
잊힌 뒤꼍에
벚꽃이 활짝 폈네
그대가 좋아하던
그 꽃이네

그대는 없고
웃음소리만
꽃잎처럼 날리네

그대 생각에
눈자위가 젖네
흩날리는 꽃잎에
마음이 베였네

소나무와 도끼날

산에 어린 소나무를 심었다
나무는 줄을 맞추어
아이들처럼 나란히 서 있다
나무들의 어린 밑동에는
아무도 모르게 도끼날이 박힌다
나무가 자랄수록 도끼날은 나무 밑둥치로
조금씩 파고들어 간다
수십 년이 지나 큰 소나무로 자랐을 때
밑둥치의 도끼날은 최후의 힘을 준다
쿵! 나무는 쓰러진다

도끼날은 또다시 어린나무를 찾기 위해
무딘 날을 벼리고 있다
숲에 서늘한 기운이 인다

입술을 훔치지 않았다

입술을 훔치지 않았다

입 속에 있는 말을 훔치고
입 속에 있는 맛을 훔쳤다
때로는 말 속에 숨어있는
생각도 훔쳤다
결코 입술은 훔치지 않았다

입술은 그의 한 세계였다

막차가 떠날 즈음

말들이 커피 향에 묻어
바닥에 떨어진다
막차가 떠날 즈음
표정 없는 얼굴 하나
바닥에 떨어진 말들을
쓸어 모은다
기쁨의 말, 슬픔의 말
위로와 분노의 말
모두 쓰레기통에 버린다
사람도, 말도 떠난 자리
노숙자가 쓰레기통을 뒤진다
혹시 쓸 만한 말이 있는지
귀를 크게 연다

페르소나 그 민낯

내밀한 몸 한쪽 어디에
가시 하나 박혀있다
움직이거나 스치면
따끔거리거나 아팠다
그보다 더 아픈 것은
가시 돋친 말에 건들리거나
말 가시에 부딪치면
기분 나쁘게 우리 - 했다

몸이 주는 아픔은
참을 만하고 때론 없어지지만
무시로 내뱉는 말 가시의
통증은 오래 사그라지지 않았다

가시로 박힌 자존감
오늘을 살면서
아직도 그 가시를 빼지 않고
피멍 들고 있다니

주변을 둘러보면 부드러워
희멀건 가슴 한쪽에는
박힌 가시도 없고
통증도 잊은 페르소나
그 감추어진 민낯을 본다

침묵에 주목하다

말에 주목하지 않는다
침묵에 주목한다
새들이 지저귀는 것도
꽃과 나무의 빛깔도
침묵에 주목하기 위해서다

말은 생각을 드러내지만
침묵은 침묵으로
생각을 드러낸다
침묵은 말보다 깊다

때로는 몸짓에 주목한다
이따금 침묵은 몸으로 배어나와
그것을 읽는다
몸의 말이다
몸의 말도 침묵이다

민달팽이는 나의 성자다

내가 민달팽이를 좋아하는 것은
집 한 채 없는 청빈함과
그럼에도
도도한 몸짓이다

단단하고 거친 길 위에
위협적인 따가운 햇살이 쏟아져도
느릿하게 몸 움직이는
저 자존감은 도대체 어디에서 오는가

절박함과 급할 것도 없는 여유로움과
주위를 의식하지 않는 무심無心
민달팽이는 나의 성자다

꿀밤묵을 먹으며

도시의 뒷골목
묵밥집에 앉아 꿀밤묵을 먹는다
약간 떫은맛이 꿀맛이다

가을날 어머니는
도토리를 주우려고
온 산을 헤매고 다녔다

해가 가고
보리가 익을 무렵이면
허기져 돌아온 어린 나에게
꿀밤묵을 쳐주셨다
꿀맛이었다

굶주린 배를 움켜쥐어 본 사람만이
떫은 도토리 맛이
꿀맛임을 안다

왜 도토리를
꿀밤이라고 하는지 안다

그냥 살았다

그냥 살았다
시간에 맡기고 그냥 살았다
밥 먹기 위해 그냥 일했고
알고 싶어 그냥 배움터를 찾았다
아픔이 있어 그냥 그것을
글로 나타내었다
그렇게 그냥 살았다
그런데 그냥이
그냥은 아니었다
사무치게 매서웠고, 고통스러웠고
슬픔이 배어있었다
그냥은 그것을 잊게 했다
나는 지금도 그렇게
그냥 산다

시간에 맞서다

할아버지가 리어카를 끌고
언덕길을 내려가고 있다
삶이 더 이상 빠르게 내려가지 못하도록
힘겹게 버티며 가고 있다
리어카에 가득 쌓아올린 재활용품의
무게가 아랑곳없이 할아버지를
아래로 끌어내리고 있다

할아버지는 온몸으로
삶을 버티지만 낡은 신발은
끄윽 - 거리며 아래로 밀리고 있다
바람마저 여윈 등짝으로 불어와
언덕 밑으로 끌어내리고 있다
삶의 바닥은 가까워지지만
남은 시간에 정면으로 맞서며
안간힘을 조절하고 있다

마당 쓸기

이른 새벽
누가 마당을 쓸어주고 갔네
무심의 몸짓은
독에 쌀이 떨어졌다는 은유

선인들은 가난해도
비굴하지는 않았네
어떤 시詩보다도
절절한 마당 쓸기

나는 오늘
마당에 떨어진 낙엽을 쓸며
선인들의 아픔을
쓸어내네

풀의 눈

윙 - 금속성 날카로운 소리
예초기가 공기를 가른다
비바람에도 꺾이지 않던
기세등등한 풀들의
무릎이 굽혀진다
푸른 체액이 사방으로 튄다
회전날에 제 몸 잘리면서도
풋풋한 향기로 감싸는
저 서늘한 풀의 눈
결코 무릎을 꿇지 않는

미완의 가을

말들이 강 속으로 들어갔다

말들이 단풍 속으로 들어갔다

말들이 푸른 하늘 속으로 들어갔다

투명하게 씻긴 말들
색색으로 물든 말들
무거움을 비운 말들

나는 돌아온 말들로
퍼즐 맞추기를 시도했다
말의 위의威儀 때문에
오늘도 서성거린다

널브러진 말들
나의 가을은 미완이다

가을과 광장

길은 가다가
광장에서 잠시 쉬어가네
갈 곳 잃은 외로움도
혼자 있네
떠돌던 말〔言〕들도
의자 위에서 쉬고 있네

떠나간 사랑이 문득
곁에 앉았다 가네

나무로 서다

뜰에 나와
푸른 하늘을 쳐다보며
그냥 서 있었습니다

어디서 날아왔는지
작은 새 한 마리가
어깨에 앉았습니다

나는 그만
한 그루
나무가 되었습니다

잠깐 동안 새는
고개를 갸웃거리며
앉아있었습니다

새의 쉼터가 된 나는
잠시나마
마음이 따듯했습니다

소리의 혀는 귀다

소리에도 맛이 있다
귀가 느끼는
소리의 맛

사랑한다는
달콤한 맛
싫어한다는
쓰디쓴 맛
꾸중받을 때의
매운 맛

귀는 소리의
맛을 아는 혀다

제 2 부

늙은 어머니의 오줌값

뒷밭 가장자리에
커다란 대추나무 한 그루가 있었네
거동이 불편해진
늙은 어머니가
소피를 본 요강을 대추나무 주위에
비우라고 했네
햇살 좋은 가을날이었네
대추나무는
여름 내내 노래를 불러준
새들에게 잘 익은 대추를 주고
대추 속 벌레에게도
아낌없이 나누어 주었네
그런데 나에겐
늙은 어머니의 오줌값으로
몇 됫박 잘 익은 대추를 주었다
참 비싼 오줌값이었네

눕는 풀

풀을 깎는다

낮이 지나가기 전에
풀은 마지막 제 몸을
곧추세운다

사 - 악 사 - 악

서늘한 낫질에
서둘러 떨어지는 풀씨

풀씨 위로
미련 없이 눕는 풀

품삯으로 감 껍질을 받다

어머니는 감 껍질이 가득한 등짐을 지고
늦은 밤에 돌아왔네
하루 종일 감을 깎은 품삯으로 껍질을
받아 왔네, 입에 단내가 나는 힘든 품의 대가였네
어머니는 속살을 내어준 붉은 감 껍질을
안쓰러운 가을볕을 깔고 마당에 널었네
그래도 껍질에 남은 단내가 마당에 가득하네
그해 겨울,
창밖엔 흰 눈이 고봉으로 쌓이는데
우리는 쫀득한 감 껍질로 긴긴 겨울의 허기를 채웠네
어머니의 고단한 사랑을 질겅질겅 씹었네

말린 감 껍질을 보면 눈시울이 붉어지네
텔레비전에선 붉은 감 껍질이 좋은 먹거리라고
참 물색없이 얘기하네

낡은 길마

그가 사는 집 대청마루
높은 탁자 위에
낡은 길마가 놓여있다
일생을 노동으로 보낸
아버지의 길마

길마는 아버지의 등에
평생 올려져 있었다

그의 눈에는
길마가 소의 등이 아니라
아버지의 등에 얹힌 것이다

그가 가슴에 피멍처럼
깊이 새긴 것은
저기 대청에 놓여있는
말 없는 길마였다
땀에 젖은 아버지의 등이었다

바다에 메밀꽃 피다

바다에
하얀 메밀꽃 피다
꽃더미로 피다

부딪치는 물결에
활짝 피었다가
소리로 부서지다

달빛에 둥둥 뜬
하얀 꽃잎들
푸른 파도에 수놓다

저 바다가 숨겨둔
님 그린 메밀꽃
오늘도 기다림에 겨워
홀로 피고 지다

* 메밀꽃: '파도가 일었을 때 하얗게 부서지는 포말'을 뜻하는
  옛 우리말

겨, 그리고 개떡

건듯 바람만 불어도
폴폴 날리는 겨
한없이 가벼운 겨
하잘것없는 것이라
눈길도 주지 않는 겨

먼지처럼 떠돌던 겨
— 개떡 같다 하지 마라
뭇 생명들이 그것으로
주린 배를 채웠으니
목숨줄 이어갔으니

겨로 만든 개떡
어른과 아이의 두 손으로
받아들던 개떡
허기진 이에겐
가장 무거운 존재였으니

용이 할매

용이 할매
돌아올 수 없는 먼 길 떠났다
아무도 울어줄 사람 없는
용이 할매

문밖 미루나무에
동네 매미들이 모두 모여 울었다
곡비哭婢처럼 울었다

용이 할매
매미 울음 데리고
먼 길 떠났다

지렁이의 기도

흙 속을 헤집고 다니는 참뜻을 알게 하소서

그렇게 헤집고 다니는 것은
여린 뿌리들이 죽죽 뻗어나갈 수 있도록
길을 만들어 주는 것을 알게 하소서
그리하여 저기 풀들의 여린 뿌리들이
아무 탈 없이 건강하게 자랄 수 있도록 하소서

징그럽다고 사람들이 밟거나
밝은 빛 속에 내던져지지 않게 하소서
만약 눈에 보이거든 흙 속으로 보내주게 하소서

땅속을 헤집고 다니는 참뜻을 알게 하소서

저기 풀들이 싱그럽게 자랄 수 있도록
땅을 부드럽게 하고, 기름지게 함을 알게 하소서
사랑하지 않아도 해코지는 않도록 하소서
모든 생명들이 더불어 행복하게 살아가게 하소서

늘 바깥에 있었다

그는 늘 바깥에 있었다
바깥에서 일을 하고
바깥도 안이라 생각했다
가끔 안쪽에 있는 이들이
바깥으로 나와 함께 어울렸지만
곧 안으로 들어갔다
그도 가끔은 안으로 들어갔지만
곧 바깥으로 튕겨져 나왔다
안쪽은 바깥을 받아들이지 않았다
그는 이제야 알았다
바깥은 결코 안이 아니라
바깥은 바깥인 것을

시래기

무청을 엮는다
허리끈을 졸라매듯 꼭꼭 엮는다
이 겨울, 추위와 햇볕에
얼었다 녹았다 하면서
푸른 기운은 찬 하늘로 보내고
헛간 시렁에 걸려있다
미라 같은 깡마른 몸으로

그냥 버려져 차마 썩지 못하고
우리네 허기진 배를 채워줄
시래기 몇 두름
오는 봄빛이 서럽다

톱밥

톱이, 톱날이
날카롭게 이빨을 세우고
나무를 파고든다
톱밥이 사방으로 튄다
톱은 톱밥을 먹지 않고
내뱉는다

톱이 먹는 것은
우람하게 서 있는 푸름이다
속살 깊이 파고드는 이빨
그 이빨의 흔적 같은
무더기로 쌓인 톱밥

생명을 앗아가는 톱의 밥
어처구니없는 밥

금반지를 낀다

나는 오늘도
서 돈짜리 금반지를 낀다
반짝반짝 빛을 내어 낀다

처음이자 마지막으로
어머니께 해드린 금반지
그날 이후
어머니의 손가락에는
서 돈짜리 사치가 빛났다

어머니가 떠난 후
그 반지를 내가 낀다
어머니처럼
반짝반짝 빛을 내어 낀다
금반지 하나에
행복했던 어머니
그 사치를 낯설게 낀다

렌즈로 세상보기

누가 돋보기 하나 줄 수 없나요

장난감 집은 커다란 집이 되고
쌀알 하나가 주먹만 하겠지요
그러면 집이 없고 배고픈 사람이
없어질 테니까요

누가 졸보기 하나 줄 수 없나요

폭력은 쪼그라들고
뽐냄과 시샘도 작아지겠지요
무엇보다
아픔과 슬픔이 줄어들겠지요

상상 속의 얘기라 하지 마셔요
언젠가 놀람으로 와서
그런 세상보기를 할 거예요
누군가 그것이 있을 테니까요

시계의 잠

창고에서 오래된 시계 하나를 보았다
시곗줄이 삭아 끊어질 것 같다
젊은 날 손목에 채워진 시계였다
몇 번 흔들어 보니 초침이 움직인다
잠을 잔 시계가 다시 깨어났다
시계가 한잠 자고 나니 40여 년이 지났다
시간은 그렇게 흘러갔다
이제 손목에 시계를 채워줄 그는 없다
하지만 시계 속에 감겨졌던 눈길과 미소,
향기와 고운 손을 다시 풀어내고 싶다
함께 못다 한 시간 속 그리움을,
여윈 손목에 칭칭 동여매고 싶다

아버지와 구두코

어릴 적 아버지의 구두를
반짝이게 닦았다
특히 구두코를 정성껏 닦았다
구두코가 반짝일 때
아버지의 코도 빛났다
가족의 얼굴도 환했다
쭉 뻗고 콧방울이 두터운
아버지의 코는
당신의 자존감이었다

오늘도 아버지처럼
구두코가 반짝이는
구두를 신고 길을 나선다
배웅하는 가족의 얼굴이
그때처럼 빛났다

콩의 모정

콩은 꼬투리를
가을볕에 말린다
제 몸에 있는 수분을
아낌없이 내보낸다

갈증에 힘겨워하면서도
고통을 참는다
바짝 마르고 뒤틀린
콩꼬투리
활시위처럼
제 껍질을 안으로 당긴다

가을볕 좋은 날
팽팽한 시위를 떠난 화살처럼
모정母情으로 쏘는
콩!

제 3 부

가을 엽신

너의 편지를 읽으면 가슴이 미어지네

글자 하나하나가 아픔이네

아픔의 이랑을 따라가면 끝에는 눈물이 있네

눈물은 모여 몇 다발의 울음을 동이네

울음의 다발이 서늘하게 가슴에 안기네

홀로그램 속엔 그대나무 한 그루 서 있네

동강할미꽃

깎아지른 암벽에
동강할미꽃 피었다

청보라 꽃잎엔
동강의 물빛이 배어나고
정선의 푸른 얼도
내려와 있다

놀라워라!
긴 목 곧추세운
저 당당한 동강의 할미

종이 사슬에 묶이다

색색의 종이 사슬로
그대를 묶었습니다

힘 한 번 주면 끊어지겠지만
그대는 행여
종이 사슬이 끊어질까
엷은 미소만 지었습니다

한 세월이 지난 후
이제야 알았습니다
그대의 종이 사슬에
내가 묶여있다는 걸

굵고 강한 쇠사슬보다
부드러움에 묶여
움직일 수 없었습니다

매화 붉은 뺨

매화 나왔다
하얀 눈 속에
내비치는 봄의 속살
매화 붉다

매운 기운에
깃 여미는
매화 붉은 뺨
시린 눈 희다

냉이야

찬 하늘에 떠도는
젖은 바람 한 자락 잡아
맑은 마음으로
눈뜨는 냉이야

아직도 겨울과 봄 사이
그런 날에 남 먼저 깨어나
가만히 설렘을 띄우는
우리네 살붙이 냉이야

그래, 시린 손에
작은 기쁨으로 캐어져도
그것이 어찌 작은 기쁨이랴
서러운 반김인 것을

어쩔거나! 쑥떡 같은 이들이 사는
검붉은 땅, 비탈에
잊은 듯 돌아와 앉은 눈빛이
아득한 기다림인 것을

봄의 캔버스

봄산은 생강나무 노란 꽃물을
똑똑 - 떨어뜨려 보고,
진달래 연분홍 꽃물을 칠해보고,
산벚꽃 흰 꽃물도 왕창 뿌려보고,
그래도 마음에 들지 않는지 쓱쓱 - 지우고
연둣빛으로 칠해놓았다
그러더니 온통 초록빛으로
다시 덧칠하고 있다
이따금 초록 사이로 지워지지 않은
산철쭉 붉은빛이 곱다

당신의 이름을 지웠습니다

당신의 이름을 지웠습니다
컴퓨터에서
휴대폰에서 지웠습니다
함께 했던 말을 지우고
시간도 지웠습니다

마음에도 지웠습니다
그러나 그리움은 남겨두었습니다
그마저 지우면
당신은 영원히 잊혀질까
두려웠기 때문입니다

가을 숲이 고운 낙엽을 지웁니다
당신이란 말이 마지막 빛납니다

앵두나무의 말

수돗가에 앵두나무가 있었다
열다섯 해를 자라더니 이제 그늘도 짙고
새들도 불러 모았다
작년에는 꽃도 예쁘고, 굵고 실한 열매도
많이 달렸다
그런데 올봄에는 꽃도 제대로 피우지 못하고
시름시름 앓다가 죽고 말았다
아뿔싸! 작년의 예쁜 꽃과 수많은 앵두가
마지막 선물인 것을
그게 나무의 안녕이라는 말인 것을

봄, 그대

그대 돌너덜길로 오네
잡목 숲을 지나 덤불을 헤치고
돌부리에 차이며 오네
꽃들의 유혹을 딛고
하염없이 오네
돌아보면 시린 빈 하늘
어디선가 처연한 마음 드러날까
구름도 산봉우리를 짚고
뒤쪽으로 물러나네
골짜기를 헤매는 바람은
두근거림으로 안기네
아린 마음 앞세운 봄, 그대
맨발로 주춤거리며 오네

사랑하는 법

어느 누구의 몸을
씻어준다는 것은
사랑한다는 것이다
어느 누구의 거친 발을
씻어준다는 것도
사랑한다는 것이다

쉼 없이 흘러가며
제 몸을 씻는
저 강물도 스스로를
사랑하는 것이다

가장 사랑한다는 것은
누구도 아닌
제 스스로를 씻는 일이다
저 투명한 강물처럼
끊임없이 씻어내는 일이다

꽃 속에 갇히다

간밤에 언뜻 비가 뿌리더니
이 아침에
서럽도록 화사한 봄꽃들이
지천으로 피어났다

먼 사람이여!
내 그대에게 그리움을 뿌리면
그대 사랑도
저리 꽃불로 피어나는가

햇빛 고운 날은
눈이 부셔 가까이 가지 못하고
별 돋는 밤엔
자박자박 다가오는 그리움

꽃향 바람에 흩날리는 날
그리움의 흔적 같은 봄꽃을 보며
나는 또 속절없이
가슴 문지르며
서러운 꽃 속에 갇혀라

아직도 그 자리에 있나요

언제부터인가
스마트폰을 만지작거린다
너의 소식은 없고
스마트폰 속에서
꽃이 피고 낙엽이 진다
온갖 얘기들이 들어온다
나는 눈길 한번 주지 않는다
너는 스마트폰 속에서
나올 기미가 보이지 않고
나는 스마트폰 속으로
들어가지 못한다
세상은 온통 스마트폰 속으로
빨려 들어간다
허우적거리다 흘러나온
몇 줄의 글자

— 아직도 그 자리에 있나요

'그립다' 는 말

'그립다' 는 말은 사치예요

외진 산길에 풀꽃이
무심으로 흔들려요
맑은 여울에 스프링같이
튀어 오르는 은어가 보여요

'그립다' 는 말은 설렘이어요

장미의 가시가
붉은 그리움을 찔러요
사라지는 것들이
어깨 들썩이며 몸살을 삼켜요

푸른 불길에 가슴 데이며
가닿지 못한 거리
더한 사치와 설렘이 있으랴
저기 허공을 찢고 나온
남루한 말 하나

가을 노래

가을입니다
숲들의 푸름은 바래어지고
하늘은 마른 그림자를 덮습니다
나는 불현듯 기억에 잡혀
소슬한 바람 속에 섰습니다
가만히 단어 하나를
떠올려 봅니다
유품같이 버리지 못하고
가슴에 묻은 그 말을
두렵게 입술 위에 얹어봅니다
바람이 찬 손으로
다가와 읽고 갑니다
갑자기 가을은
타는 설움을 토해냅니다

그대 목소리

그대 머물던 곳에 서면
작은 잎새의 흔들림에도
행여 그대 목소리인가 가슴 조이고
풀벌레 어린 웃음에도
행여 그대인가 눈자위 젖어옵니다

사랑하는 이여!
그대 목소리 설렘으로 와서
아픔으로 간다 해도
내 목 놓아 그대를 부르면
하늘 길 따라올 것만 같아

저 푸르른 시월의 하늘에
나는 바람 소리,
새소리마저 지워버리고
그대 목소리 기다리고 있습니다
그리움 나무 되어 서 있습니다

슬픔의 둥지

슬퍼하지 말아라
슬프다는 것은
미련이 남았다는 것이다

약간 남은 사랑도
약간 남은 바람도
약간 남은 욕심도
나를 슬프게 한다

미련이 있으면
슬픔이 들어와 둥지를 튼다
슬픔의 둥지를 만들지 말라
슬픔마저 내게서 떠나보내라

아무것도 없는 빈손이
얼마나 홀가분한가
이제 새털처럼
훨훨 가벼워지리라

제 4 부

바다의 뼈

하얀 뼈들이
쌓여있다
햇살에 반짝이는
뼈들의 무더기

소금창고에는
바다의 뼈들이
흰빛으로 쌓여있다

뜨거운 여름 해는
바닷물을 태우고

지친 염부는 부지런히
바다의 뼈들을
고무래로 끌어 모은다

바다에는
연기 한 줄기
오르지 않는다

돌아가는 계절

가을은 모두 돌아가는 계절

봄날에 차례차례
잎이 돋고 꽃이 피듯이
가을에도 어김없이
열매가 익고 낙엽이 지네

누가 가르쳐주지 않아도
깨달음 밖의 꽃과 나무들
돌아가는 길이 헝클어지지 않네

긴 그림자 지우며 가는 길
그 위에 흔적 같은 쓸쓸함
돌아가는 길이 붐비지도 않네

밥 한번 먹자

맑은 바람 부는 날
붐비는 거리에서
그를 만났다
우리는 반갑게 손을 잡았다
그가 말했다
― 언제 밥 한번 먹자
말이 채 떨어지기도 전에
인파 속으로 숨어들었다

― 언제 밥 한번 먹자

수많은 말 속에
'밥 먹자' 는 말이 그에게
아직 남아 있다는 게
얼마나 허망한 기쁨이랴

책, 그리고 착각

돋보기를 쓰고
책을 읽다가 문득 창밖을 본다
흐릿한 건물과
형체만 어른거리는 사람들
무색의 비단 커튼을 쳐놓은 듯
어슴푸레 빛만 보인 꽃과 나무들
다시 책을 본다
책 속의 인물과 풍경이
또렷이 보인다
치열한 삶의 이야기
좌절과 고통 속에서 일어서는 사람들
책 속엔 온통 장밋빛이다

창밖에는
갈 곳 잃은 시간들만 서성이고 있다

시간 죽이기

무려 세 시간이나 남았다
역 계단에 걸터앉았다
문우가 명함처럼 건네준 시집
시의 행간을 따라가며 시간을 죽인다
겨우 오십 분이다
신발들이 TV 속 빠르기 화면으로
바쁘게 지나가고
발밑엔 사투리가 낙엽처럼 흩날린다
허공에는 스멀스멀 커피 냄새
괜히 오지 않은 휴대폰만 만진다
남은 두 시간,
시간을 죽이려 하니
몸을 비틀며 완강히 버틴다
죽지 않으려는 시간
시간과의 힘겨루기

사형선고처럼 목적지 탑승 안내가
전광판에 떴다
마침내 세 시간은 죽었다

나의 세 시간도 묻었다

투구꽃과 철모

캐터필러 소리 들릴 것 같은
DMZ 능선에
보랏빛 투구들이
팽팽한 긴장으로 걸려있다

병사들은 보이지 않고
맑은 얼이 깃든 투구에
그날의 가을빛이 머문다

어디선가
병사들을 부르는
집합 나팔 소리
다급하게 들릴 것 같은 날

녹슬고 삭은 철모 틈새로
힘껏 밀어올린
보랏빛 투구꽃
젖은 눈빛이 흔들린다

큰 돌

큰 돌은 그대로 돌이다
누구에게나 친근한
모두의 돌이다

글자를 새기는 순간
큰 돌은 글자의 의미에 갇힌다
특정한 돌이 된다

글자로 큰 돌을 가두지 말라
아무것도 새기지 않아도
돌은 모두의 뜻을 품는다

바람의 옷

바람의 옷이 있다는
소백산 아래 선비마을에 갔지요
그 마을에는
이따금 골에서 내려온
서늘한 바람 한 자락을 잡아
옷을 짓고 있었어요

산들거리는 바람 옷을 입으면
숨어있던 바람이 일어서고
꽃내, 풀내도 온다고 해요

더운 여름날
땅을 한 번 밟는 것이 소원이라는
친구에게 바람처럼 다니라고
바람의 옷을 한 벌 주었지요
그는 피식 웃으며
— 바람나면 어쩌려고 이걸 줘

시중하던 아내가 짓무른 눈물 찍어내며

― 아이구, 바람나도 좋으니까
훨훨 다니는 모습 보고 싶네요

요양원에서

벚꽃이 흩날리는
벤치에서 아이가 된 할머니와
엄마와 아이가 앉아있다
아이가 칭얼대자
엄마는 막대사탕을 아이에게 주었다
아이가 된 할머니가
벌떡 일어나 잽싸게 막대사탕을 뺏어
입으로 가져갔다
아이의 울음이 봄 하늘을 찢자
또 하나의 막대사탕은 아이의 손에 쥐어지고
잠시 봄날의 평온이 찾아왔다
아이가 된 할머니는 막대사탕을 입에 물고
날리는 벚꽃을 잡으려고 허둥대고
아이는 행복에 겨운 듯 사탕을 빤다

엄마의 눈 속에 어룽대는 꽃잎들
미소 뒤에 삼키는 속울음이
저리도 무심하게 꽃비로 내린다

대추나무 시집보내기

따뜻한 봄날이다 오늘은 대추나무 시집보내는 날
할아버지는 돌 하나를 대추나무 밑동 가지 사이에 끼웠다
― 애야, 올해는 대추가 많이 열릴 거야
― 시집을 가는데 왜 돌멩이를 끼우지!
할아버지는 내가 어른이 되면 알 수 있다고 했다
꽃들의 자지러진 웃음소리가 환청으로 번진다

칡

칡이 초록 쓰나미처럼 밀려와
산밭을 덮쳤다
점령군 깃발로 넘실대는 칡의 잎들
산에서 밭까지 긴 보급 줄기는
중간에 뿌리를 내려 교두보를 구축했다

산밭을 확보한 칡은
새순을 독사의 머리처럼
꼿꼿이 세우고 다시
탐욕스런 눈길로 사방을 둘러보고 있다
뒤덮인 칡잎 밑에서는 풀들이
은밀한 반란을 도모하고 있다

개구리의 경 읽기
- 옥산서원에서

개구리 한 마리
첩첩 쌓인
바위 서책에 앉아
경을 읽고 있다

음전한 몸짓으로
목울대를 한껏 부풀려
말씀을 훔치고 있다

바람 소리는
서쪽으로 바쁘게 가고
싸리울에 언뜻 스치는
푸른 도포 한 자락

'코로나19'와 삼식이

나는 *꼽다시 삼식이가 되었지요
뭇 아내들이 마구 싫어하는
삼식이가 되었지요
아침 먹고, 좀 있다 점심 먹고
또 좀 있다 저녁 먹고
밥해주는 아내 눈치 보느라
설거지는 내 몫이었어요
두 달 남짓 지나니 손가락 사이가
간질거렸지요
주부 습진인가 했는데 아내가
도끼눈을 하여 그 말도 꿀꺽 삼켰지요
사실 따지고 보면 아내도 삼순이지요
세끼 밥을 집에서 먹으니까요
삼식이와 삼순이, 내외는
이 말을 하며 씁쓸히 웃었지요

지날수록 닫힌 공간의 답답함보다
열린 공간에서 덕지덕지 반창고를 붙인 그들
미안하다, 미안하다 했지요

꾸역꾸역 세끼 밥을 먹는 내 입에
염치의 반창고를 꾹 붙이고 싶었지요

  * 꼽다시: 고스란히의 사투리

물이 깎은 곰

금호강 물속에서
돌 하나 가져왔지요
곰 형상이긴 한데
아직 곰은 아니어요
강물이 수백 년 흐르면서
조금씩 곰을 깎고 있는데
너무 일찍 가져왔나 봐요

나는 강물 속 그 자리에
미완성 작품인
곰 형상 돌을 갖다 놓았어요
다시 수백 년 후
강물이 깎은
완성된 곰 형상석이
눈 밝은 이를 만나겠지요

빈 그릇

빈 그릇을 앞에 놓고
기다리는 마음을 안다
아무것도
담기지 않는 것보다
아무것도
담을 수 없는 빈 그릇
그것은 간절함이 아니라
서러움이다

허공에 빈 그릇 뜬다
초점 잃은 눈빛 하나

배밀이와 달팽이

길이 배밀이를 하고 있다
굼뜨게 느릿느릿
길 위의 달팽이를 조금씩
죽음으로부터 밀어내고 있다
달팽이도
안간힘을 쓴다
멧비둘기 한 마리
무엇이 급한지
종종걸음이다
길 건너 풀숲의 가을은
느긋이 다가온다
급한 것 없다는 듯

그리움, 애정, 언어에 대한 외경畏敬

박남일 문학평론가

그리움, 애정, 언어에 대한 외경畏敬

I

　귀공자 풍모에 석가의 눈과 공부자孔夫子의 마음〔釋眼儒心〕
지닌 하청호 시인의 너무나 로맨틱한 제목의 시집『나는 아
직도 그리움을 떠나보내지 못했다』원고를 읽고 있다. 어렵
쇼, 스무 해 전 목인牧人 선생의 시집『아직도 나는』의 해설
을 썼었구나. '아직도 나는'과 '나는 아직도…' 라니, 요런
것도 뭔 먼 연인가 보구나. 귀신 씻나락 까먹는 소리 하고
자빠졌네, 고깟 게 무슨 얼어 죽을 연이람. 말 났으니 말이
지, 연이라면 단연 피로 맺은 연하고 한살된 연 아니랴. 그
것들은 끊어지지도 않고, 끊어서도 안 될 연 아니랴. 그것
들은, 쇠심줄/동아줄은 유類가 아니고, 가장 실한 끈 이니고
무어랴. 시인의 어버이와 부인이 떠나고 많은 나달이 흘렀
건만 그 끈은 건재하다, 보이지는 않지만 끈 저쪽을 거머잡
은 그들을 그는 여전히 그리워하고 있다.

봄날이네
잊힌 뒤켠에
벚꽃이 활짝 폈네
그대가 좋아하던
그 꽃이네

그대는 없고
웃음소리만
꽃잎처럼 날리네

그대 생각에
눈자위가 젖네
흩날리는 꽃잎에
마음이 베었네

— 「꽃잎에 베이다」

  "그대 머물던 곳에 서면 / 작은 잎새의 흔들림에도 / 행여
그대 목소리인가 가슴 조이고 / 풀벌레 어린 웃음에도 / 행
여 그대인가 눈자위 젖어" 오는 그에게는 청아한 바람 소리
도 새소리도 의미가 없다. "그리움 나무 되어" "그대 목소
리 기다리고"(「그대 목소리」) 서 있을 뿐이다. "그대의 종이사
슬에" 묶여 "움직일 수 없"(「종이사슬에 묶이다」)는 그는 가끔

가다 "당신의 이름을 지"우고 "함께 했던 말을 지우고 / 시간도 지"우고 "마음에서도 지"(「당신의 이름을 지웠습니다」)우기도 한다. 허나 아물아물하는 그리움이란 초의지적超意志的인 존재여서 끈 끊어지지 않는 한 떠나보내지 못하는 것. 인용 시의 배경은 '봄날 잊힌 뒤꼍'이다. 그래, 집의 숱한 공간 가운데서 뒤꼍만치 잊힌 데가 있을라고. 구터분한 뒷간조차 박장기將棋 두다가도 들랑거리건만, 쎄고 쎈 햇살 한 줌 안 비치는 음陰달에 들 일은 엔간해선 없는 것이다. 아니다, 거기는 딱 하나 찾을모 있는 곳이기는 하다. 그곳은 우리의 어머니 누나들이 사분사분 찾아들어 옷고름으로 연신 눈물 찍어내던 은밀한 장소 아니던가. 시인인들 예외랴, 흩날리는 벚꽃잎을 '그대 웃음소리'로 인식하는 그는 속절없이 마음 버지고 눈가장이 지적지적해지는 것이다.

어머니는 감 껍질이 가득한 등짐을 지고
늦은 밤에 돌아왔네
하루 종일 감을 깎은 품삯으로 껍질을
받아 왔네, 입에 단내가 나는 힘든 품의 대가였네
어머니는 속살을 내어준 붉은 감 껍질을
안쓰러운 가을볕을 깔고 마당에 널었네
그래도 껍질에 남은 단내가 마당에 가득하네
그해 겨울,

창밖엔 흰 눈이 고봉으로 쌓이는데
우리는 쫀득한 감 껍질로 긴긴 겨울의 허기를 채웠네
어머니의 고단한 사랑을 질겅질겅 씹었네

말린 감 껍질을 보면 눈시울이 붉어지네
텔레비전에선 붉은 감 껍질이 좋은 먹거리라고
참 물색없이 얘기하네

　　　　　　　　　　　　　　　—「품삯으로 감 껍질을 받다」

그가 사는 집 대청마루
높은 탁자 위에
낡은 길마가 놓여있다
일생을 노동으로 보낸
아버지의 길마

길마는 아버지의 등에
평생 올려져 있었다

그의 눈에는
길마가 소의 등이 아니라
아버지의 등에 얹힌 것이다

그가 가슴에 피멍처럼

깊이 새긴 것은

저기 대청에 놓여있는

말 없는 길마였다

땀에 젖은 아버지의 등이었다

— 「낡은 길마」

시인은 어머니를 생각할라치면 "도토리를 주우려고 / 온 산을 헤매고 다"(「꿀밤묵을 먹으며」)니고, 입에서 단내가 나게 감을 깎고 밤들어서야 돌아오던 당신의 녹신한 노동이 떠올라 붉게 속울음 울곤 한다. 천구백오십년대 우리네 발주저리 어머니들은 부엌살림에 살붙이 키우기에 빨래 다듬질에 바느질에 밭일도 모자라 식구들 먹거리 얻어 올 양으로 삯메기라는 가욋_{加外}일까지 마다하지 않았으니, 자리에 들기 전엔 잠시간도 눕는 법 없고 밤마다 저린 무르팍 주무르며 끙끙거렸으리라. 안부모가 죽도록 해동갑_{同甲}하고 받아온 품삯이란 게 척푼척리는 고사하고 연_軟든 감도 아닌 그 깝질이라니. 어머니는 그러나 '이거라도 오감하지' 입속말 하며 고것들을 "안쓰러운 가을볕을 깔고" 널었으리라. 어머니 말은 짜장 어긋나지 않았다, 삘기 다래 오디 까마종이나 잠깐잠깐 빨던 '우리'가 그해 겨울 내내 단맛을 질근질근 씹는 행운을 누렸으니. 티브이에서 감 껍질이 그럴싸한

먹을거리라 씨부렁대는 젊은것에게 그는 쓴웃음으로 면박하지 않았을는지, '네들이 그 맛을 알아?'

시인은 안어버이의 노동을 들먹일 뿐, 밭어버이의 그것에 대하여는 입 다물고 있다. 어린것이 "정성껏 닦"아 "코 반짝"(「아버지와 구두코」)이는 구두 꿰신던 밭어버이는 농農투성이 아닌 화이트칼라였으리라 짐작된다. 한살이를 육체노동으로 보낸 아버지를 가슴속에 새기고자 어간대청大廳 탁자에 길마를 놓아둔 '그'가 시인의 지인일 테지만, 나는 시인 자신으로 읽고 싶은 건 뭔 심사일까. 길마란 근육노동자의 등에만 얹히는 게 아니라, 정신노동자의 등마루에도 똑같이 지워지는 것 아니랴. 다만 전자가 등짝이 땀으로 흥건하고, 후자는 머릿속이 호둣속처럼 복잡하다는 차이가 있을 뿐.

II

시인은 작고 약하고 하잘것없는 것들에 대해 유다른 관심과 애정을 갖는데, 그 대상은 식물 동물 인간을 망라한다. 가장 소극적이고 수동적 존재인 푸나무는 그러므로 그의 시편들에서 낫과 도끼에 의해 끊임없이 억압받는다.

산에 어린 소나무를 심었다

나무는 줄을 맞추어

아이들처럼 나란히 서 있다

나무들의 어린 밑동에는

아무도 모르게 도끼날이 박힌다

나무가 자랄수록 도끼날은 나무 밑둥치로

조금씩 파고 들어간다

수십 년이 지나 큰 소나무로 자랐을 때

밑둥치의 도끼날은 최후의 힘을 준다

쿵! 나무는 쓰러진다

도끼날은 또다시 어린나무를 찾기 위해

무딘 날을 벼리고 있다

숲에 서늘한 기운이 인다

— 「소나무와 도끼날」

하느님은 흙에 생기를 불어 넣어 최초의 인간 아담을 만들고, 그의 늑골로 짝 하와를 만들었다. 그리고 둘을 축복받은 땅 에덴동산에서 부족함 모르고 살도록 했다("그대 손이 와 닿아 내 고요한 가슴 노래하네Then your fingers touched my silent heart and taught it how to sing / 진실한 사랑은 아름다워라Yes true love's a many splendored thing"라는 감미로운 노래가 인상적인

1955년 영화 「慕情Love Is A Many Splendored Thing」에서 특파원 마크와 의사 수인이 사랑을 나누던 香港의 바람 불던 그 동산이 불현듯 생각난다). 모든 생명나무를 허락하는 대신 선악을 알게 하는 선악과만은 금지했는데, 긴짐승의 유혹에 넘어간 여자가 남편을 끌어들여 금단의 열매를 따 먹고 말았다. 이것이 하느님에 대한 인간 최초의 죄이며, 그로 인해 모든 인간은 태어나면서 이미 원죄를 짓고 있다고 한다. 그 죄에 대한 벌로 아담은 평생 노동으로 땀 흘려야 하고, 하와는 해산의 고통을 받게 되었다. 뿐만 아니라 영생을 누릴 수 있던 인간들은 반드시 죽어야 할 존재로 전락하고 말았다.

왜 장황하게 생뚱맞은 소리 하느냐고? 아니다, 「소나무와 도끼날」을 나는 성서의 '원죄설'로 읽고 싶은 것이다. '소나무'를 '인간'으로, '도끼날'을 '죽음'으로, 그리고 '숲'을 '인간 세계'로 읽고자 한다. 죽음을 예견하고 귀빠진 갓난것이나 밑동에 도끼날이 박힌 채 심어진 애나무나 그게 그거 아니겠는가. 마지막 행의 '서늘한'에 눈이 간다. 그것의 사전적 의미는 1) '매우 선선하다' 2) '놀라거나 하여 가슴속에 찬바람이 도는 듯하다'이다. 원래 '숲'이라는 공간은 1)의 상태이언만, 시에서의 그것은 2)라는 점에서 너무나 비극적이다.

윙 - 금속성 날카로운 소리

예초기가 공기를 가른다

비바람에도 꺾이지 않던

기세등등한 풀들의

무릎이 굽혀진다

푸른 체액이 사방으로 튄다

회전 날에 제 몸 잘리면서도

풋풋한 향기로 감싸는

저 서늘한 풀의 눈

결코 무릎을 꿇지 않는

—「풀의 눈」

풀을 깎는다

낮이 지나가기 전에

풀은 마지막 제 몸을

곧추세운다

사 - 악 사 - 악

서늘한 낫질에

서둘러 떨어지는 풀씨

풀씨 위로

미련 없이 눕는 풀

　　　　　　　　　　　　　　ー「눕는 풀」

　모드라기풀 같은 벌레잡이 식물이 없는 것은 아니지만,
먹이 피라미드의 기층을 형성하는 생산자에 불과한 풀은
아무런 먹잇감을 갖지 못하고 먹히기만 하는 존재다. 그렇
다고 고것들이 숙맥불변菽麥不辨이냐 하면, 천만의 말씀. 바
위 아래의 오래된 불상처럼 어리석고 착하기만 해서야 험
한 세상 하룬들 어이 버틸라고. 그러므로 하고많은 시 속의
풀들이 "밟히면 밟히면 눕고 눕고 / 잠시 누웠다가 기어코
일어나는 끈기 / 콱콱 밟힐수록 밟힐수록 / 뿌리 뻗어내는
뿌리 뻗어내는 뚝심"(하종오,「질경이」)을 발휘하지 않았던가.
또한 순舜적백성百姓이면서 질긴 생명력을 가진 민초로 비
유되지 않았던가.

　하청호 시인의 풀들은 서너 편에 불과하지만, 인상파 그
림처럼 인상적이다. 그 풀들은 "초록 쓰나미처럼 밀려와 /
산밭을 덮"(「칡」)친 다른 덩굴풀에 짓눌리기도 하고, 날카로
운 예초기 회전 날이나 서늘한 낫날에 무참스레 난도당한
다. 나는 그러나 고것들이 쓰러지면서도 결코 고분고분하
지 않은 불굴의 정신을 주목한다. 고것들은 "점령군 깃발로
넘실대는" 칡잎에 깔려서도 "은밀한 반란을 도모하고"(앞의

시)"푸른 체액이" 산지사방散之四方해도 결단코 꿇어앉지 않는다. 그리고 "회전날에 제 몸 잘리면서도 / 풋풋한 향기로 감싸는 / 저 서늘한 풀의 눈"을 발견한다거나, 낮에 꺾이기 직전 타의에 의해 곧추세워지는 풀을 제 스스로 곧추세우는 것으로 파악하는 시인에게서 풀에 대한 무한한 애정을 나는 읽는 것이다.

「눕는 풀」을 같은 시인의, 회膾와 구운 고기처럼 널리 사람들 입에 오르내리는 동시 「잡초 뽑기」와 함께 읽는 재미도 쏠쏠하다. "풀을 뽑는다 / 뿌리가 흙을 움켜쥐고 있다 / 흙 또한 / 뿌리를 움켜쥐고 있다 / 뽑히지 않으려고 푸들거리는 풀 / 호미 날이 칼 빛으로 빛난다 / 풀은 작은 씨앗 몇 개를 / 몰래 / 구덩이에 던져 놓는다" 둘은 쌍둥이다, 어느게 선先둥이인지 모르겠지만. 한데 이란성 쌍생아일까, 판다르다. "풀은 작은 씨앗 몇 개를 / 몰래 / 구덩이에 던져 놓는다"가 긴장의 언어인 데 반해, "서늘한 낮길에 / 서둘러 떨어지는 풀씨"는 상대적으로 청처짐하다. 그럴 만한 까닭수가 있다, 사사랑이 풀이 머리까지 둘할까 보냐. 호미 날 앞에서 흙 홈켜쥐고 바둥대 봐도 독장수셈이었거늘, 서슬 퍼런 낫날 앞에 아득바득 용쓸 필요 없음을 기왕에 터득한 게다. 춘향이듯 심청이듯 '나 죽는 건 섧지 않다. 너희 잘 자라 울이 세기만 바라노라' 서둘러 새끼 몇 퍼뜨리고 미련 버리고 눕는 게다.

길이 배밀이를 하고 있다
굼뜨게 느릿느릿
길 위의 달팽이를 조금씩
죽음으로부터 밀어내고 있다
달팽이도
안간힘을 쓴다
멧비둘기 한 마리
무엇이 급한지
종종걸음이다
길 건너 풀숲의 가을은
느긋이 다가온다
급한 것 없다는 듯

— 「배밀이와 달팽이」

달팽이 하나 길 가고 있다, 초군초군. 바라보고 있던 길이
오죽 울가망했으면 같이 배밀이할까. 웬 떡, 저 멀리서 멧
새 한 마리 잔달음으로 따라붙는다. 이키나, 다급해진 시인
이 과녁빼기의 가을 풀숲을 손짓해 부른다. '퍼뜩 와 이 맛
문한 길손 데려가 좀 숨겨 줘.' 엔장, 저놈의 수풀마저 달팽
이 걸음이라니. 혼자서 손톱 여물 써는 시인이여, 안쓰러워
라.

그는 늘 바깥에 있었다

바깥에서 일을 하고

바깥도 안이라 생각했다

가끔 안쪽에 있는 이들이

바깥으로 나와 함께 어울렸지만

곧 안으로 들어갔다

그도 가끔은 안으로 들어갔지만

곧 바깥으로 튕겨져 나왔다

안쪽은 바깥을 받아들이지 않았다

그는 이제야 알았다

바깥은 결코 안이 아니라

바깥은 바깥인 것을

―「늘 바깥에 있었다」

짜름한 시에 글제를 포함해 '바깥' / '안(쪽)'이 자그마치 열여섯 번이나 포배기 된다. 언필칭言必稱 요순堯舜도 요리 달근달근한 시가 되는구나.

발양發陽 머리에 이청준의 아웃사이더들에 심취했었다, 「퇴원」「별을 보여 드립니다」「병신과 머저리」「줄」「과녁」「매잡이」「임부」「가수假睡」「소문所聞의 벽壁」「잔인한 도시」……

물에 기름 부으면 시나브로 위아랫물진다, 개밥에 도토

리.

인간들은 쩍하면 아무데나 견고한 금 긋기를 한다, 가랑이 쩍 벌리고 전신주에 쉬 내지르는 견공이듯. 안쪽 차지한 치들은 가끔가다 바깥바람 쐬기도 하건만, 바깥에 눌러앉은 이가 어쩌다 안을 기웃하다간 고대 추방당한다.

산은 산이요 물은 물, 안은 안이요 바깥은 바깥이로다.

운동장에 손대기들이 피구를 하고 있다. 볼이 오락가락한다. 맨 처음 공 맞고 금 밖으로 밀려난 아이의 저 허탈.

다시 말하지만 시인은 번듯하고 버젓한 것 아닌, 범인에게는 존재 가치가 없어 보이는 것들에게 지극한 애정을 보낸다. '글은 곧 그 사람'이라고, 관후장자寬厚長者임이 저절로 입증되는 셈이다. "쑥떡 같은 이들이 사는 / 검붉은 땅, 비탈에 / 잊은 듯 돌아와 앉은"(「냉이야」) 제채薺菜, "그냥 버려져 차마 썩지 못하고" 들피져 "미라 같은"(「시래기」) 말린 무청 따위 푸성귀, 몸놀림이 메뜬 (민)달팽이, 쟁글쟁글한 지렁이 따위 숨탄것, 달창난 신발 끌며 재활용품 수거하는 늙정이, 세상 버려도 곡해 줄 이 없는 '용이 할매', "독에 쌀이 떨어"져 남의 "마당 쓸어 주"(「마당 쓸기」)던 옛사람, 소외된 자 등. 그들은 하나같이 우련한 낮달처럼 있으나마나 한 존재로 치부될 뿐이다. 그럼에도 불구하고 두루춘풍春風인 시인에게는 그들의 장처長處만 뵈는 데야. "맑은 마음으로 / 눈뜨는 냉이"(「냉이야」)를 거레붙이로 여기고, 북풍한설에 얼녹아 허출한 배 채워 주던 구뜰한 시래기를 추억하고, 암흑 헤집고 땅 걸게 해 "여린 뿌리들이 죽 죽 뻗어"(「지렁이의 기도」) 나가게 하는 지룡자地龍子를 해코지하지 말라 경계하고, 리어카 끄는 노옹이 "삶의 바닥"(「시간에 맞서다」)까지 내려가지 않게 내리막길에서 잘 버텨 주기를 기원하고, 외롭게 "먼 길 떠"(「용이 할매」) 나는 '할매' 위해 '매암매암' '쓰름쓰름' 매미라도 울었다며 자위하고, 쌀되나 바라고 몰래 뜰 쓸어 놓던 조상들의 아픔을 떠올려 보기도 한다. 더욱 선거운 것은 청빈과 도도한 자존감 그리고 "절박함(…) 없는 여유로움과 / 주위를 의식하지 않는 무심無心"(「민달팽이는 나의 성자다」)으로 하여 괄태충括胎蟲을 성자의 반열에까지 올려놓는다는 점이다.

III

지금까지 보아 온 대로 시인은 사람이든 사물이든 상대편을 내치기보다 끌어안으려 하는 명지바람 같은 성품의 소유자다. 그만치 세계에 대한 그의 시선은 다사롭기 그지없다. 그러나 아무리 사면춘풍四面春風이라지만, 도나캐나 긍정적으로 대하랴. 그가 부정적으로 치부하는 유일한 게 있으니, 그것은 다름 아닌 '말'이다. 말의 향연장인 찻집에서 나눈 말들이 쓰잘머리 없는 것들로 "커피 향 묻어 / 바닥에 떨어"(「막차가 떠날 즈음」)져 있는 것으로 인식하는가 하면, "말에 주목하지 않"고 침묵 하다못해 "몸의 말"인 "몸짓에"라도 "주목한다"(「침묵에 주목하다」)고 고백한다. 하긴 "김 안 나는 숭늉이 더 뜨겁다"지 않는가. 그리고 몸에 박힌 가시보다 "더 아픈 것은 / 가시 돋친 말"이고, "몸이 주는 아픔은 / 참을 만하고 때론 없어지지만 / 무시로 내뱉는 말 가시의 / 통증은 오래 사그라지지 않았다"(「페르소나, 그 민낯」)고 한다. 공감하지 않을 이 있을 것인가.

말들이 강 속으로 들어갔다

말들이 단풍 속으로 들어갔다

말들이 푸른 하늘 속으로 들어갔다

투명하게 씻긴 말들
색색으로 물든 말들
무거움을 비운 말들

나는 돌아온 말들로

퍼즐 맞추기를 시도했다
말의 위의威儀 때문에
오늘도 서성거린다

널브러진 말들
나의 가을은 미완이다

— 「미완의 가을」

입술을 훔치지 않았다

입 속에 있는 말을 훔치고
입 속에 있는 맛을 훔쳤다
때로는 말 속에 숨어 있는
생각도 훔쳤다
결코 입술은 훔치지 않았다

입술은 그의 한 세계였다

— 「입술을 훔치지 않았다」

가을은 완성의 계절이다. 충충한 제 말들이 가을 물처럼
꽹하기를, 갈 단풍처럼 고운 빛으로 물들기를, 가을 하늘처

럼 가든해지기를 간절히 바라고 있다. 퍼즐 맞추기 하듯 타울타울해 보지만, 말들은 여전히 너저분할 뿐이라고 생각한다. 말들의 가을은 미완이라 생각한다. 할수록 거칠어지는 말의 아이러니여.

그러므로 시인은 말하기 못지않게 듣기에도 힘쓴다. 잘 듣기가 잘 말하기의 한 과정 아니겠는가. 화자의 말을 귀여겨듣고, 그의 느낌/기분을 파악하고, 말의 의미를 알고자 한다. 그렇다고 그의 말을 결코 모뜨지는 않는다. "그의 한 세계"인 "입술"까지 "훔치지"는 않는다.

지금껏 시인과의 만남은 조우를 포함해 딱 세 번 있었다. 자리가 파할 때마다 그가 으레 건네던 말이 있었다, "나만 말을 많이 해 실례한 것 같습니다." 말에 관한 몇 편의 시를 통해 언어에 대한 그의 외경심이 남다름을 알게 된 나는 시방 고개를 주억주억하고 있다.

육십여 매 에이포 용지를 덮고 내닫이창窓 내다보니, 낮때인데 바깥날이 끄느름하다. "눈이 올라나 비가 올라나 억수장마 질라나 / (⋯) / 아리랑 아리랑 아라리요"